Die Region Quedlinburg im 9. und 10. Jahrhundert

Von den Liudolfingern und von Markgraf Gero

Über den Allodialbesitz der Liudolfinger am Nordharz –
Über den Aufstieg von Markgraf Gero –
Warum die Region Quedlinburg zur Wiege des
Heiligen Römischen Reiches Deutscher Nation wurde

Bernd Sternal

Sternal Media

Bibliografische Information der Deutschen Nationalbibliothek
Die Deutsche Nationalbibliothek verzeichnet diese Publikation in der
Deutschen Nationalbibliografie; detaillierte bibliografische Daten sind im
Internet über dnb.d-nb.de abrufbar.

Impressum:

© 2014 Bernd Sternal
Herausgeber: Verlag Sternal Media, Gernrode
Lektorat: Dr. Detlef Schünemann
Gestaltung und Satz: Sternal Media, Gernrode
                          www.sternal-media.de
                          www.harz-urlaub.de
Umschlagsgestaltung & Abbildungen: Sternal Media
Karte S. 6: Lisa Berg

1. Auflage April 2014
ISBN: 978-3-7357-1972-0
Herstellung und Verlag:
BoD - Books on Demand, Norderstedt

Die Quellen schweigen, sind sehr spärlich oder auch schwer zu deuten. Wenig wissen wir bisher über die Besitzerlangung – Allodialbesitz – und die Besitzstrukturen der Liudolfingischen Sachsen in der Region Quedlinburg. Es gibt nur Mutmaßungen und Thesen an Hand der wenigen Quellen. Nachfolgend möchte ich meine persönliche These darlegen, die auf meinen umfangreichen Studien der Harzregion des 8. - 10. Jahrhunderts, sowie in den Jahrhunderten davor, beruht.

Der Quedlinburger Bürgermeister und Inspektor des Fürstlichen Gymnasiums, Andreas Wallmann, gibt in seinen Aufzeichnungen aus dem Jahr 1782 (auch) Auskunft über den Ho-Säken-Berg, wie er früher genannt wurde, und definiert ihn als „Hoher-Sachsen-Berg"; die einzige mir bekannte sinnvolle Ableitung. Unmittelbar nordöstlich von diesem Berg liegt Wedderstedt, westlich davon Ditfurt und südlich Quedlinburg. Das Grundwort -stedt deutet auf eine sehr alte Gründung hin, diese Gründungen werden dem aus Südschweden stammenden germanischen Stamm der Warnen zugeschrieben. Eine weitere in diese Gründungszeit fallende Siedlung war das schon lange wüste Billingstedt, zwischen Quedlinburg und Hoym, das durch das Bestimmungswort Billing eindeutig dem Geschlecht der Billinger zuzuweisen ist.

Unmittelbar unterhalb des Hösekenberges – Richtung Ditfurt – befand sich bereits in frühgeschichtlicher Zeit der einzige Bode-Übergang. Die Bode-Aue war in alter Zeit ein großes Sumpfgebiet, welches an anderen Stellen kaum zu überqueren war. Somit war auch der Standort Ditfurt schon früh von großer Bedeutung, zumal ein alter Heer- und Handelsweg über diese Furt führte. In der ersten Nennung des Ortes, um das Jahr 800 in den Aufzeichnungen des Klosters Fulda, wird der Ort „Deotfurdum" genannt. Wallmann leitet nun das Bestimmungswort dieser Ortsbezeichnung von dem altsächsischen Wort „Thiod" (dem Volke bei der Landversammlung) ab. Für mein Dafürhalten durchaus treffend: „Thiod oder Theod" leitet sich außerdem von dem schon von Tacitus genannten Erdgott Tuisco ab, woraus sich auch die Theoden, die Deutschen, ableiten lassen.

Vieles deutet also darauf hin, dass diese Region Wedderstedt-Ditfurt-Hösekenberg schon in vorchristlicher Zeit im ostsächsischen Siedlungsraum eine herausgehobene Stellung einnahm. Wallmann schrieb dazu: „Ditfurt ist ferner berühmt wegen der von den Ostsachsen hier abgehaltenen Landtage (Gericht). Es stand schon im Anfange des neunten Jahrhunderts, auch wohl noch viel früher". Weiter schrieb Wallmann: „In der älteren Zeit sind die Volksversammlungen des „Harzgau" und noch früher, zu den Zeiten der heidnischen Sachsen, die Landesversammlungen der ostsächsischen Herren hier abgehalten worden, was zweifelsohne aus dem Namen des Berges Ho-Säken-Berg hervorgeht."

Als die Franken die Sachsen geschlagen hatten und das nördliche Harzvorland zu christianisieren begannen, haben sie auf dem Flecken, der heute Ditfurt heißt, und wo zuvor die genannten Landtage stattfanden, eine kaiserliche Burg errichtet, die Deotfurt hieß. Wallmann schrieb dazu: „Nachdem der Kaiser Karl der Große die heidnischen Sachsen bis an die Saale und Elbe besiegt, ließ er zur Weiterführung seiner Kriege gegen die Sorben und Wenden, zwecks Herbeischaffung der Kriegsvölker und Kriegsbedarf, unter anderem auch hier eine feste, sichere und fahrbare Heerstraße durch Holzungen, Sümpfe und Moräste, woraus die ganze Gegend bestand, bauen; da auch die ganze Bode-Niederung stets unter Wasser stand um das Jahr 800. Kaiser Karls Sohn, Ludwig der Fromme, baute um 820 zur Besetzung des Passes hier die kaiserliche Residenzburg." Und weiter führte er aus: „Diese Burg hat Deotfurt geheißen und an der Stelle gestanden, wo jetzt das Stiftsvorwerk steht, auf einem steilen Berge gelegen und mit einer Mauer und Graben umgeben, wovon der Hohlweg und die Salzrinnen die letzten Spuren sind. Vor dem Eingange hat sie eine Vorburg oder sogenanntes Blockhaus, Wachthaus, welches zur Verteidigung mit Burgmännern besetzt war, gehabt, welches jetzt das Rathaus ist."

Was war in der Neuzeit, und insbesondere im 18. Jahrhundert, davon noch erhalten und auf welche Quellen, die wir heute nicht mehr kennen, hat Wallmann zurückgegriffen? Wir wissen es nicht! Weiter führt er aus: „Von einem Nachfolger Ludwigs des Frommen ist auch der Spieker als

Proviantmagazin angelegt worden. Der Spieker ist ungefähr 1360 als Wirtschaftshof mit einem Wohnhaus umgebaut." Nach Wallmann musste „um das Jahr 1000 das Blockhaus einem richtigen Bau weichen, wovon an den Ecken und Türen die Heiligenfiguren noch heute vorhanden sind."

Wenn sich auf dem nahen Hösekenberg schon in heidnischer Zeit ein bedeutendes Heiligtum der Sachsen befand, wo auch die Landesversammlungen stattfanden, so ist davon auszugehen, dass der Hösekenberg auch in der für das frühe Mittelalter üblichen Art befestigt gewesen sein wird. Ob diese Befestigungsanlage die gesuchte Hoohseoburg war, wissen wir nicht, aber ich nehme es an. Als die Burg Deotfurt erbaut worden war, wurde es notwendig, den dortigen Gerichtsplatz zu verlegen. Das tat man wohl zum Hösekenberg hin. Heidnische Bräuche weiter dort zu zelebrieren, in unmittelbarer Nähe der fränkischen Burganlage, werden die ansässigen Sachsen sicherlich unterlassen haben.

Und die Burg auf dem Hösekenberg – wenn es die Hoohseoburg war – wurde von den Franken schon vor der Christianisierung dieser Region endgültig zerstört.

Mit dieser Hösekenburg hat sich der Historiker Hermann Goebke wie kein anderer wissenschaftlich beschäftigt. Während der Zeit des 2. Weltkrieges hat er sich in seiner Marburger Dissertation mit dem Thema Hoohseoburg auseinander gesetzt und ist zu folgendem Schluss gekommen: Nur die alte Burg auf dem Hösekenberg bei Wedderstedt kann die gesuchte Hoohseoburg sein. Leider ist H. Goebke im 2. Weltkrieg gefallen und die Veröffentlichung seiner Arbeit unterblieb. Auch hat er sich ausschließlich auf diese frühmittelalterliche Burg konzentriert; die von ihm herangezogenen Quellen analysieren auch tiefgreifend alle fränkischen Annalen.

Ein weiteres Indiz für die Bedeutung des Hösekenberges war der weithin berühmte Markt zu dessen Füßen, der etwa bis zum Dreißigjährigen Krieg dort jährlich stattfand. In Verbindung mit der Volks- und Landesversammlung, die immer zu Pfingsten abgehalten wurde, fand dieser

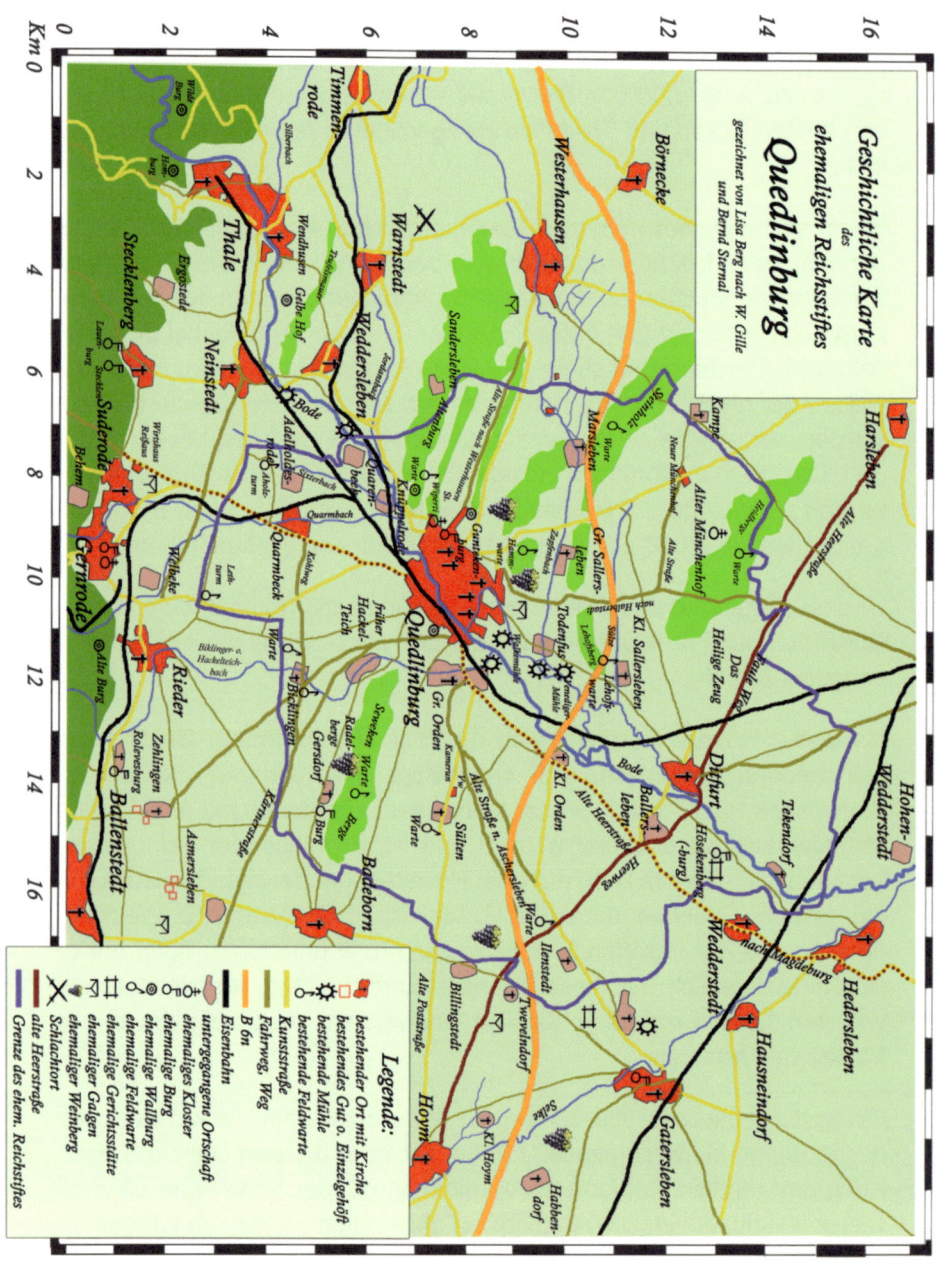

Markt „an der Landfahrt, auf der Wiesche zu Dietforde, gegenüber dem Zoll" statt – und das wohl schon seit dem frühen Mittelalter oder sogar noch früher. Mit der Aufgabe und Verlagerung der Versammlungen und Halsgerichte vom Hösekenberg, durch die Herzöge Ernst und Albrecht von Sachsen im Jahre 1479 nach Quedlinburg, ging jedoch die Bedeutung dieses Marktes zunehmend verloren. Wallmann schreibt von vielen Tausend Menschen, die jedes Jahr die Versammlungen, Gerichte und den Markt, der über eine Woche andauerte, besucht haben und davon, dass dieser Markt ein bedeutender Wirtschaftsfaktor war.

Für die „Hösekenburg" selbst gibt es anscheinend keine schriftlichen Überlieferungen. Einzig die Karte „Abriss der Ilenstedter Feldmark", gezeichnet am 27.03.1615 von dem Feldmesser Galle Weber, zeigt und benennt die Burgwälle und -mauern auf dem Hösekenberg – die Reste der Hösekenburg. Diese Karte weist aber auch den Flurnamen „In der Mallas Grund" aus, gelegen am südwestlichen Fuße des Hösekenberges, zwischen der Landfahrt und der Bode. Und „Mallas" stand bei den Franken für die Volksgerichtsstätte.

Südlich vom Hösekenberg, an dessen Fuße, lag außerdem das etwa seit dem 14.Jahrhundert wüste Dorf Ballersleben; ebenfalls eine sehr alte Siedlung, wie uns das Grundwort -leben sagt. Zwischen Ballersleben und dem Hösekenberg verlief die Alte Heerstraße von Ditfurt in südöstliche Richtung. Etwa 1,5 Kilometer weiter, der Heerstraße folgend, lag das wüste Dorf Ilenstedt. Nahebei, in Richtung Hösekenberg, befand sich die Ilenstedter Klus. Unter einer Klus versteht man allgemein eine alte, kleine Kapelle: Die Ilenstedter Klus muss aber ein „ziemlich großes kirchliches Gebäude" gewesen sein, von dem im Jahre 1615 noch Chor und Westteil erhalten waren. Allgemein bekannt ist, dass in der Nähe von Landtagen und Volksgerichtsstätten auch ein kultischer Mittelpunkt nicht fehlte; bekannt ist auch, dass die christliche Kirche an solchen heidnischen Kultstätten sehr oft ihre Gotteshäuser errichtete. Dass dies auch bei der Ilenstedter Klus so sein könnte, dafür spricht ein alter Brauch. Jahrhundertelang, bis zur Reformation, fand jährlich eine

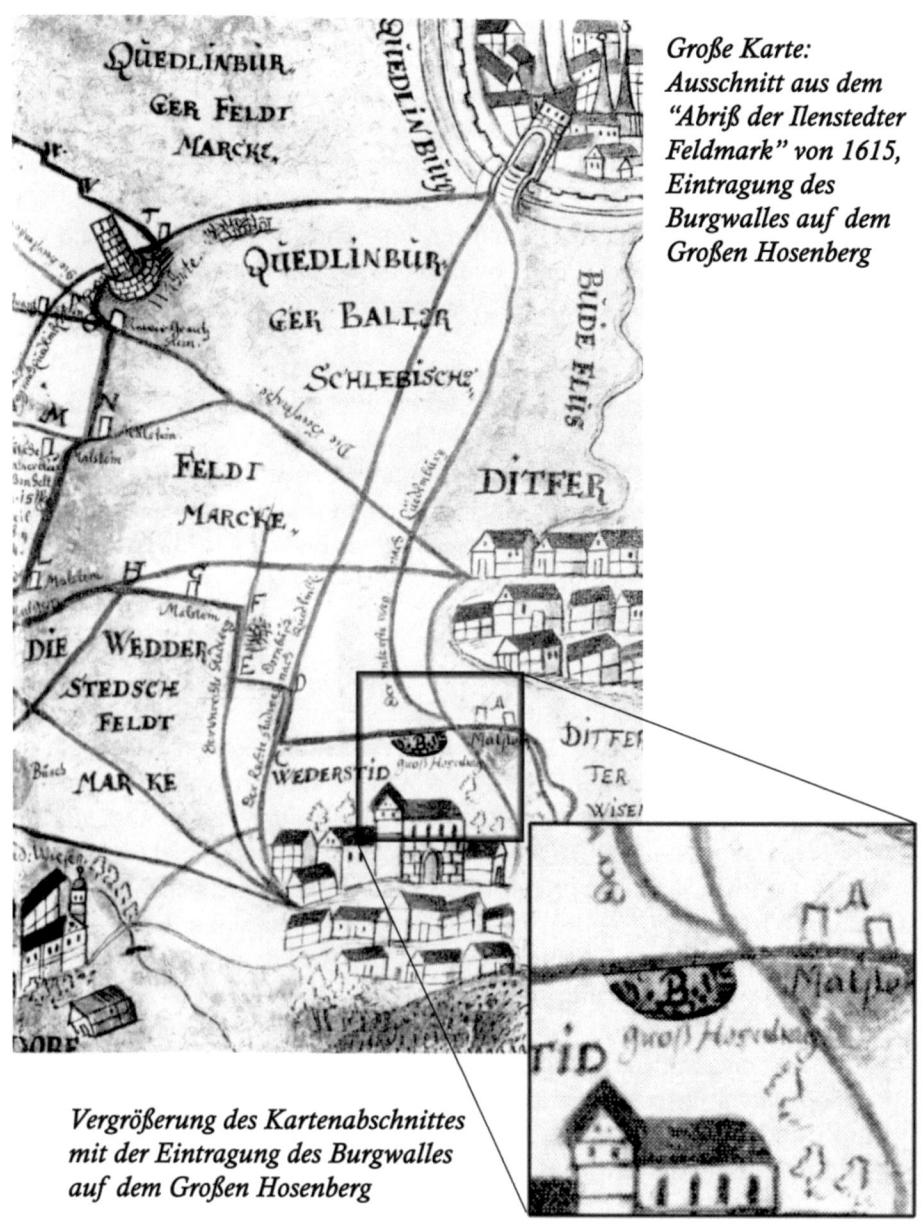

Große Karte: Ausschnitt aus dem "Abriß der Ilenstedter Feldmark" von 1615, Eintragung des Burgwalles auf dem Großen Hosenberg

Vergrößerung des Kartenabschnittes mit der Eintragung des Burgwalles auf dem Großen Hosenberg

Wanderung der im Umkreis lebenden Bevölkerung zu dieser Kapelle statt – „Hillige Dracht" genannt. Es war eine heilige Prozession, bei der jedoch statt der üblichen liturgischen Symbole ein riesiges hölzernes Kreuz mitgeführt wurde, wie einige Kirchenrechnungen zweifelsfrei belegen. War dieses christliche Holzkreuz vielleicht der kirchliche Ersatz für ein früheres heidnisches Symbol?

Mit dem Sieg der Franken im Sachsenkrieg unter Karl dem Großen und der beginnenden Christianisierung der Harzregion im Jahr 804 begann für die Sachsen ein neues politisches und kulturelles Zeitalter.

In vorkarolingischer Zeit, also zu Zeiten der alten sächsischen Gaue, lag die Gerichtsbarkeit in den Händen von Gauhäuptlingen und Stammesfürsten (Gaugrafen). Nach dem Sieg Karls des Großen ging aller Grundbesitz an das Königtum über, die althergebrachten Rechte wurden abgeschafft und durch eine fränkische Schöffengerichtsbarkeit ersetzt. Zur Durchsetzung dieses neuen Rechtes brachte Karl der Große zahlreiche „Vertraute" in die Harzregion, um seinem Recht Geltung zu verschaffen. So auch den Franken Odo, der kaiserlicher Legat von Magdeburg wurde und die Geschichte dieser Region im beginnenden 9. Jahrhundert maßgeblich mit prägte.

Als Richter der neuen Gerichte wirkten jedoch auch die alten Gaugrafen mit, sofern sie sich unterworfen hatten, sowie „missi regii" als fränkische Beamte. Kaiser Karl war sicherlich nicht politisch so unklug, dem alten sächsischen Adel seine gewohnheitsmäßigen Rechte abzusprechen und sich diesen so erneut zum Feinde zu machen. Ebenso ist fraglich, ob er dazu noch die Macht gehabt hätte? So gab Karl sich wohl damit zufrieden, als oberster Gerichtsherr anerkannt zu werden und ließ die sächsischen Adligen als königliche Beamte in seinem Namen Recht sprechen.

Waren zuvor die sächsischen Gaugrafen und Stammesfürsten von der sächsischen Gemeinschaft gewählt worden, so waren sie fortan königliche Beamte. Diese neue politische Situation eröffnete den sächsischen Adelsgeschlechtern bei politisch und strategisch klugem Handeln völlig neue Möglichkeiten. Ein ausgeprägtes Beispiel hierfür scheint das sächsische Adelsgeschlecht der Liudolfinger zu sein. In vorfränkischer Zeit wohl eher unbedeutend in Sachsen, erkannte das Geschlecht die Gunst der Stunde. Graf Liudolf von Sachsen, der als der Begründer des Geschlechtes der Liudolfinger gilt, war vermutlich ab dem Jahr 840 Graf in Sachsen. Es wird aber angenommen, dass bereits seine Vorfahren karolingische Ämter innehatten. Liudolf war verheiratet mit Oda, der Tochter des princeps Billing aus dem Geschlecht der Billinger und der Aeda, aus fränkischem Geschlecht. Liudolf muss eine Art Markgraf gewesen sein, mit Befugnissen über viele Grafschaften in Ostfalen, wie Roswitha von Gandersheim berichtet. Durch die eheliche Verbindung zum Geschlecht der Billinger kam er zu umfangreichem Besitz im nördlichen Harzvorland, besonders vermutlich in der Quedlinburger Region.

Die Billinger dürften wohl germanischer Abstammung aus dem Volk der Warnen gewesen sein, wie ich in meinem Buch „Die Harz-Geschichte Band 2 – das Früh- und Hochmittelalter" umfassend dargelegt habe. So gilt es auch als erwiesen, dass die Billinger in der Quedlinburger Region bereits im Frühmittelalter eine bedeutende Position innehatten.

Unter Liudolfs Nachkommen kam es dann zu mehreren ehelichen Verbindungen zum karolingischen Königshaus. Graf Liudolf und seine Gemahlin Oda gründeten das Stift Brunshausen, das 881 nach Gandersheim verlegt wurde, welches zum zentralen Ort ihrer Memoria wurde.

Es wird in der Geschichtsschreibung allgemein davon ausgegangen, dass die Liudolfinger ein sächsisches Adelsgeschlecht waren, dessen Aufstieg mit der Machterlangung des Ostfränkischen Reiches in Sachsen begann. Dies ist jedoch nur eine These, die nicht bewiesen ist – Liudolfs Abkunft ist nicht zweifelsfrei zu ermitteln – die dennoch von mir vertreten wird. Liudolf wird umfangreicher Grundbesitz im westlichen Harzvorland, bis zur Leine, zugesprochen. Dies kann aber nach der Sachlage eigentlich noch kein Allodialbesitz gewesen sein, sondern nur Lehensbesitz, denn aller Grundbesitz gehörte nach dem Sieg der Franken dem karolingischen Königtum.

Liudolfs ältester Sohn Brun wurde im Jahr 866 Nachfolger seines Vaters, fiel aber bereits im Jahr 880 in der Normannenschlacht. Brun muss sich in diesem Krieg große Verdienste erworben haben, denn sein Tod fand Eingang in die zeitgenössische Geschichtsschreibung. Vielleicht ein erstes Indiz für die Übereignung von Grundbesitz aus Dankbarkeit oder als Anerkennung vom König? Das Erbe trat sein Bruder Otto, Graf Liudolfs jüngerer Sohn, an.

Otto der Erlauchte war mit der fränkischen Herzogstochter Hadwig verheiratet. Er gelangte bereits zwischen 901 und 912 in den Besitz des Wipertiklosters in Quedlinburg, das im 9. Jahrhundert vom Kloster Hersfeld gegründet worden war. Wie dieser Besitzwechsel zustande kam ist bisher unklar. Es kann aber wohl davon ausgegangen werden, dass diese Besitzerlangung im Zusammenhang stand mit dem schon vorhandenen Besitz der Liudolfinger in Quedlinburg, der aus dem Billinger Erbe stammte. Die Billinger waren zu jener Zeit auch Herren der Burg Quitilinga, die ebenfalls an die Liudolfinger kam. Schon die Großeltern von Graf Liudolfs Ehefrau Oda, Ado und Odo aus dem Geschlecht der Odonen, hatten Besitz im Harzgau. Sie schenkten im Jahr 826 dem Reichskloster Corvey ihren Besitz im Dorf Westerhausen. Odo, zuvor Aito genannt, war fränkischer, kaiserlicher Legat in Magdeburg und hat diesen Allodialbesitz sicherlich als Dank für seine Dienste vom Kaiser geschenkt bekommen. Auch heißt es, dass zu jener Zeit schon eine fränkische Wasserburg in Westerhausen bestanden haben soll. Über diese Odonen wird Allodialbesitz im Nordharz durch Erbschaft an die Billinger und von diesen an die Liudolfinger gekommen sein.

Die Billinger, wahrscheinlich aus dem Stamm der südschwedischen Warnen, sind ein Geschlecht, das uns noch viele Rätsel aufgibt. Sie sind wohl in der Zeit der Völkerwanderung von Südschweden über das heutige Mecklenburg-Vorpommern in die Harzregion gekommen. Bei meinen Studien südschwedischer topografischer Karten des „Västergötlandes" (nordöstlich von Göteburg), das als wahrscheinliches Ursprungsland der Warnen angenommen werden kann, sind mir die geografischen Angaben Ramberg, Österberg und Stovenberg aufgefallen.

So heißen die drei prägnanten Höhenzüge im Gernröder Forst, südlich von Quedlinburg. Alles Zufall?

Der Liudolfinger Heinrich war Ottos ältester Sohn und trat im Jahr 912 dessen Nachfolge als Herzog von Sachsen an. Im Jahr 919 wurde Herzog Heinrich zum ersten König sächsischer Herkunft gewählt. Erwiesen ist: Zu Beginn der Herrschaft von König Heinrich I. waren die vormals Billingischen Güter im Besitz der Liudolfinger. Warum jedoch der mächtige Sachsenherzog Heinrich I. nach seiner Krönung zum König sich so stark Quedlinburg zuwandte, darauf komme ich später zu sprechen.

Heinrich I. erhält am Finkenherd die Krone
Holzschnitt von Alfred Rethel

Wann genau König Heinrich die Pfalz Quedlinburg (Befestigung, Pfalzkirche, Wohngebäude) errichten ließ, ist nicht genau bekannt, es wird aber um das Jahr 926 gewesen sein.

Wir wissen sehr wenig über die Zeit zwischen dem Sieg der Franken im Sachsenkrieg im Jahr 804 und der Erlangung der Königswürde seitens Heinrichs I. im Jahr 919. Aber wie aus dem Nichts heraus wurde plötzlich die Nordharzregion um Quedlinburg zum Nabel des ostfränkischen Königsreiches. Es ist bekannt, diese Region war in alle Himmelsrichtungen gut verbunden, denn Karl der Große errichtete gleich nach dem Ende des Sachsenkrieges entlang des nördlichen Harzrandes befestigte Straßen. Das aber kann wohl kaum als Grund für die Aufwertung dieser Region durch die Liudolfinger angesehen werden.

Gemäß seiner Burgenbauordnung vom Jahr 926 begann König Heinrich I. Abwehrmaßnahmen gegen die einfallenden Ungarn zu treffen und den ausgehandelten zehnjährigen Waffenstillstand zu nutzen. Von diesem im November 926 auf dem Hoftag in Worms getroffenen Maßnahmenkatalog, den wir heute Burgenbauordnung nennen, ist nur ein Bericht von Widukind von Corvey überliefert – und dieser war kein Zeitzeuge: „Unter den ländlichen Kriegern (agrarii milites) wählte er jeden Neunten aus und ließ ihn in den Burgen wohnen, damit er für seine acht übrigen Genossen Wohnungen errichte. Die übrigen acht sollten die landwirtschaftlichen Arbeiten für den neunten übernehmen und ein Drittel der Ernte verwahren. Außerdem sollten die Gerichtstage und alle Märkte und Gastmähler in den Burgen abgehalten werden."

Die von Heinrich I. errichteten Burgen zur Ungarnabwehr waren allerdings wohl noch keine steinernen Burganlagen sondern mächtige Ringwallanlagen, die ein Gebiet bis zu 15 Hektar umschlossen haben sollen. Allerdings ist keine dieser Burganlagen bisher nachgewiesen. Auch sollen teilweise die Ortschaften auf diese Weise geschützt worden sein.

Nun ein kleiner Rückblick: Den Ungarn-Einfällen in das Ostfränkische Reich seit dem Ende des 9. Jahrhunderts stand das königliche Heer recht hilflos gegenüber. Diese kriegerischen Raubzüge begannen im

Süden des Reiches, griffen aber zu Beginn von Heinrichs Herrschaft zunehmend auf den Norden über. In den Jahren 924 und 926 suchten die Ungarn dann auch Thüringen und Sachsen heim. Heinrichs Heer war diesen flinken Bogenschützen auf ihren wendigen Pferden nicht gewachsen. Trotzdem erlangte der König mit etwas Glück im Jahr 926 bei Werla an der Oker einen Teilerfolg. Seine Truppen konnten einen Fürsten der Ungarn gefangen nehmen und für dessen Freilassung einen zehnjährigen Waffenstillstand aushandeln – allerdings nur für Sachsen und Thüringen.

Große Teile der sächsischen Nordharzregion sowie der thüringischen Südharzregion waren damals im Besitz der Liudolfinger. Es ist also wenig verwunderlich, dass der Waffenstillstand lediglich für Sachsen und Thüringen ausgehandelt wurde, einen solchen für das ganze Königreich auszuhandeln war sicherlich nicht durchsetzbar. Aber warum fielen die Ungarn gerade in Sachsen verstärkt ein? Ihnen musste doch die verstärkte Gegenwehr des Königs bei Angriffen auf dessen „Eigengut" klar gewesen sein. Eine mögliche Erklärung liefert eigentlich nur die Tatsache, dass diese Regionen besonders reich waren, sich Raubzüge also besonders lohnen würden.

Heinrich I. wollte hingegen sicherlich das Familiengut sichern und erhalten. Also begann er die Burg Quedlinburg als Pfalz auszubauen und den Königshof zu befestigen. Ein weiterer Grund für die Ungarneinfälle in die Harzregion könnten auch die Reichskleinodien gewesen sein. Dieser Aspekt wurde bisher wohl in allen Betrachtungen vernachlässigt. Aber mit dem Königtum von Heinrich I. kamen diese Symbole des ostfränkischen Königtums – dessen Reichsschatz – sicherlich in die Harzregion, wo sie sicher verwahrt werden mussten. Die Geschichtsforschung geht davon aus, dass bis zur Kaiserkrönung von Otto I. durch Papst Johann XII. im Jahr 962 in Rom die Kaiserinsignien im Besitz des Heiligen Stuhls waren. Dies trifft allerdings sicherlich nicht auf die Königsinsignien zu, die waren und blieben im Besitz des jeweiligen Herrschers. Davon zeugt auch, dass nach der Anfertigung einer neuen Krone, die alte von den Ottonen in den Stiftsschatz des St. Marien-Klosters

Blick von der Altenburg bei Quedlinburg um 1000 n.Chr., gezeichnet von K. Schirwitz

auf den Münzenberg in Quedlinburg gegeben wurde. Wären die Reichskleinodien in die Hände der einfallenden Ungarn geraten, hätte dies wohl das Ende von Heinrichs oder Ottos Herrschaft sein können. Eine Sicherung dieses Reichsschatzes war also wohl direkt mit der Sicherung des Königtums verbunden.

Gegenüber dem Schlossberg, dem Standort der Pfalz, liegt in westlicher Richtung der Münzenberg. Er ist außer nach Westen durch steilabfallende Felswände auf natürliche Weise gesichert gewesen. Archäologische Funde haben gezeigt, dass dieser Berg bereits im 10. Jahrhundert intensiv genutzt wurde. Zwischen den beiden einander gegenüberliegenden Erhebungen führte der Weg zum Königshof und weiter, an der Altenburg entlang, Richtung Thale. Überliefert ist, dass Mathilde, die Schwester Kaiser Ottos II. und erste Äbtissin des Quedlinburger Stiftes, kurz nach Ottos II. Tod im Jahr 986 auf dem Münzenberg ein Kloster stiftete, welches der Heiligen Maria geweiht war und bis zur Reformation Bestand hatte. Dieses Kloster wurde mit reichem Besitz ausgestattet und hatte sogar einen eigenen Stiftsschatz, zu dem auch die oben genannte und heute verschollene Königskrone der Ottonen gehörte.

Ich gehe davon aus, dass auf dem Münzenberg bereits vor der Klostergründung eine Burg oder militärische Befestigungsanlage bestanden hat. Darauf deuten Funde hin – auch war dieser Durchgang zwischen den beiden Quedlinburger Bergen, hin zum Königshof und entlang des nördlichen Bode-Ufers, von großer strategischer Bedeutung. Es ist also sehr wahrscheinlich, dass zu Zeiten der Ungarnkriege dort eine Befestigung bestand, die den Königshof am Fuße des Berges schützte. Nach dem Sieg über die Ungarn und dem weiteren Ausbau der Pfalz wird diese Anlage wohl ihre Bedeutung verloren haben. Es kann angenommen werden, dass die bereits vorhandene Burganlage dann zum Kloster umgebaut wurde, wie auch in Gernrode, Ilsenburg und wohl auch in Thale. Die Vermutung liegt nahe, dass die Kirche auf diese Weise versuchte, ihre Interessen durchzusetzen und sich Machtzentren zu schaffen.

Blick auf den Münzenberg, gezeichnet von Dora & Annie Seifert

Vieles um den Münzenberg liegt noch im Dunkel der Geschichte, bei jeder Baumaßnahme werden neue Entdeckungen gemacht. So ist in diesem Berg sogar ein umfangreiches Höhlensystem vorhanden, welches zumindest von Menschenhand ausgebaut worden ist. Über die Entstehung und Nutzung dieser Höhlen gibt es keine urkundlichen Nachrichten. Das System besteht aus vier großen Einzelräumen. Bekannt sind mindestens drei ehemalige seitliche Zugänge. Es gilt aber auch als recht sicher, dass von oben – also vom Kloster aus – Zugänge zu den Höhlen bestanden. Das Außergewöhnliche an diesen Höhlen ist außerdem, dass es einen großen Brunnen gibt, der ständig Wasser führt. Da über dieses Höhlensystem keine schriftlichen Quellen bekannt sind, obwohl es mit sehr großem Aufwand geschaffen wurde, ist daraus zu schließen, dass es zu einer sehr frühen Zeit geschaffen wurde und später wohl in Vergessenheit geraten ist.

Anscheinend kam es in der Region häufiger vor, Burgen und auch Klöster mit unterirdischen Gängen auszustatten, die sicherlich als Fluchtwege angelegt waren; so im Stift Gernrode, auf der Burg Arnstein, Burg und Kloster Gerbstedt, der Sage nach auf der Harzburg, in den Klöstern Ilsenburg und Drübeck. Bautechnisch ist davon auszugehen, dass diese unterirdischen Fluchtgänge bei der Gründung mit angelegt wurden, denn diese nachträglich anzulegen erscheint bautechnisch recht unwahrscheinlich.

Im Mittelalter gaben die landschaftlichen Gegebenheiten die Wege für Kriegszüge vor. In der Nordharzregion begrenzten das Harzgebirge und das Große Bruch den Weg von Osten nach Westen. Bedeutend für große Truppenbewegungen waren aber auch die Harzflüsse, die teilweise große unüberwindliche Auen- und Sumpfgebiete bildeten, so die Bode nördlich von Quedlinburg. Und auch der Höhenzug der Teufelsmauer, der sich von Ballenstedt bis nach Blankenburg erstreckt, stellte für ein Heer sicherlich eine Hürde dar. So wird auch für das Ende des Thüringerreiches im Jahr 531 eine Schlacht bei Weddersleben zwischen Thüringern und Franken/Sachsen vermutet – also zwischen Gebirge und Teufelsmauer – die Bode dürfte dort gut zu überqueren gewesen sein.

Gehen wir also von meiner Annahme aus, dass die Ungarn bei ihren Einfällen in die Harzregion in Richtung Westen am Gebirgsrand entlang zogen – vorbei an Ballenstedt, Rieder, Gernrode, um dann irgendwo – sicherlich nördlich von Quedlinburg – die Bode zu überqueren. Bei dieser Annahme würden wir auch eine Erklärung für die zahlreichen Wallburgen in dieser Region finden, die bisher undatiert sind und von denen die Quellen nichts berichten: „Rothallasburc" (Roseburg), Alteburg (östlich des Osterteichs, südlich von Rieder), eine neu entdeckte Anlage auf dem Steinberg bei Gernrode, die Seweckenburg (oberhalb der Gersdorfer Burg), die Burg Geronisroth in Gernrode, die Alteburg bei Quedlinburg, die Kuxburg bei Timmenrode usw., die auch alle eine Funktion gehabt haben müssen.

Die Rothallasburc, auf dem Gelände der heutigen Roseburg bei Rieder, wurde erstmals im Jahr 963 urkundlich erwähnt. Sie muss zu diesem Zeitpunkt also bereits vorhanden gewesen sein und wäre noch keine Steinburg.

Beachtenswert ist, dass in dem Gebiet südlich von Quedlinburg, nördlich von Gernrode und Rieder, eine Ansammlung von topografischen Namensgebungen mit gleichem oder ähnlichem Wortstamm zu finden sind: Bicklingsbach, Bicklingen (Wüstung mit Erstnennung 961), Bicklingswarte (spätmittelalterliche Entstehung), Bickeberg (heute Bückeberg), die einstmals 4 Bickemühlen am Quarmbach (heute noch Bückemühle als Hotel-Restaurant), Sibickenberg (heute Seweckenberg) Sibickenburg (heute Seweckenburg). Die Sprachforschung deutet derartige Namen auf eine Zugehörigkeit des Biko (Bicko). Althochdeutsch steht bikan für stechen und stoßen und wird zum Teil bis heute als Bicke – Spitzhacke verwendet. Alte Chronisten nennen einen Sachsenhäuptling Sibiko oder Sigibiko – was als siegreicher Speerstoßer gedeutet werden kann.

Nun wird seit langem davon ausgegangen, dass der Ort Rieder, der urkundlich erstmals im Jahr 937 als Rederi genannt wurde, sehr alten Ursprungs ist. Die Ursprünge könnten durchaus in die frühe Völkerwanderungszeit (um 350 n. Chr.) zurückreichen. Wieder bemühen wir die Sprachwissenschaft, die den Wortstamm auf das althochdeutsche Ror, Riet, Rauer zurückführt – also auf sumpfiges Terrain. Und das die Niederungen im Gebiet von Rieder einstmals feucht und sumpfig waren – also einer Teichlandschaft ähnlich – ist unstrittig. Rieder hat seinen Namen somit nicht von seinem Begründer erhalten sondern von der umliegenden Landschaft. Die Historik geht davon aus, dass Siedlungen mit derartigen Namen zu den ältesten in der Nordharzregion gehören – somit wohl auch Rieder.

Am Thieberg in Rieder, wo sich auch der ursprüngliche Siedlungskern befunden hat, gab es auch sehr früh eine Kluskapelle. Diese muss ein massives Bauwerk gewesen sein, denn noch 1727 wurde sie „als Hirtenhaus genutzt" genannt. Rieder besitzt auch eine sehr eigentümliche und auch wohl besonders alte Kirchenglocke. Diese bienenkorbförmige Glocke wird als romanisch angesehen und genannt wird sie als älteste Glocke Anhalts sowie in ganz Mitteldeutschland. Es heißt, diese Glocke hing früher in der Kluskapelle und sei ein Geschenk der Königswitwe Mathilde (+968). Wenn dem so ist, muss Rieder und seine Kluskirche wohl in ottonischer Zeit eine größere Bedeutung gehabt haben.

Das die Region um Rieder schon sehr früh – in vorgeschichtlicher Zeit – besiedelt war, dafür gibt es zahlreiche archäologische Erkenntnisse. So wurde unter anderem beim Pflügen des Ostabhanges des Thieberges durch Bauer Hottelmann in den 1930er Jahren ein Steinkistengrab entdeckt. Die Keramikfunde von dieser sogenannten Ostermark, die einstmals im Museum in Zerbst deponiert waren und heute wohl verschollen sind, lassen auf ein Alter ca. 3000 Jahren schließen (schnurkeramische Kultur?). Auch weitere archäologische Funde aus nachfolgenden Epochen lassen auf eine durchgehende Besiedlung schließen.

Machen wir einen Zeitsprung in das Mittelalter: In einer Urkunde aus dem Jahr 936 wird erstmals Eigentum von König Otto I. in Rieder erwähnt. Auch das Kloster Wendhusen wird in dieser Schenkungsurkunde als Besitz von Otto I. genannt. Woher er diesen Allodialbesitz hatte ist nicht überliefert. Knapp 3 Jahrzehnte später, am 25.März 964, wird in einer Stiftsurkunde des Gernröder Stifts die Burg Rothallasburc bei Rieder (Roseburg) als Eigentum von Markgraf Gero genannt. Wie kam Gero zu dieser Burg – wir wissen es nicht.

Etwa 1800 m Meter westlich davon ist über dem Eingang zum Ostergrund bei Gernrode, auf einem Bergrücken, der Standort der Alteburg. Eine außergewöhnliche Anlage – gesichert durch 5 tiefe Gräben und 4 Deckwälle – für die es keine schriftlichen Überlieferungen gibt. Es scheint nur eine Wallburg gewesen zu sein, denn Mauerreste sind nicht nachweisbar.

Etwa 2400 m westlich der Alteburg befand sich auf einer flachen Anhöhe, mitten im heutigen Gernrode, die Burg Geronisroth. Diese wurde im Jahr 961 erstmals erwähnt und war Eigentum des Markgrafen Gero.

Aus dieser Burg ging in jenem Jahr das Stift Gernrode hervor – die urbs muss also schon einige Zeit bestanden haben.

Nur einige hundert Meter Luftlinie entfernt, in westlicher Richtung, habe ich vor ein paar Jahren eine merkwürdige Anlage entdeckt. Von Geologen und Archäologen begutachtet ergibt sich die Vermutung einer einstigen Turmhügelburg. Der Burghügel ist beidseitig von einem Netz von tiefen Hohlwegen umgeben, welche die Anlage wie ein Graben-Wall-System schützen. Allerdings ist nicht zu deuten, ob Turmhügelburg und Hohlwegsystem aus der gleichen Zeit stammen oder zeitversetzt entstanden. Von dieser Anlage gibt es keine schriftlichen Quellen. Nur entsprechende archäologische Grabungen könnten über Alter und Entstehung Auskunft geben – und die sind nicht in Sicht.

Steinkistengrab in der Ostermark / Klus bei Rieder entdeckt in den 1930er Jahren (eigenes Archiv)

Südöstlich von Quedlinburg findet man auf den Seweckenbergen die Überreste der Seweckenburg. Auch über diese Anlage schweigen die Quellen.

Südwestlich der Stiftsburg Quedlinburg, nur wenige hundert Meter vom ehemaligen Königshof Wiperti entfernt, lag auf einer Bergkuppe die Altenburg. Auch ihre Entstehung ist unbekannt, erstmals erwähnt wurde sie erst im Hochmittelalter, da gab es die Burg aber schon nicht mehr. Von der Altenburg sind keine baulichen Reste auffindbar – diese Aufzählung ließe sich fortsetzen. Sie zeigt, dass auf begrenztem Gebiet eine Anzahl von Flucht- oder Wallburgen bestanden haben, deren Ursprünge wohl Ende des 9., Anfang des 10. Jahrhunderts zu suchen sind. Diese Wallburgen auf engem Raum zeigen uns folgendes: einen enormen Arbeitskräfteaufwand und somit eine verhältnismäßig große Bevölkerungsanzahl. Wie viele Männer mussten freigestellt werden, um diese Anlagen in wenigen Jahren zu errichten (jeder Neunte)? Auch ist nicht anzunehmen, dass mehr Fluchtkapazitäten geschaffen wurden, als Menschen ansässig waren. Es sei denn, die Kapazität war auch für königliches Heerespersonal ausgelegt! Gleichfalls legt meine These nahe, dass diese Wallburgen schon bald wieder ihre Bedeutung verloren hatten – nach der endgültigen Niederlage der Ungarn im Jahr 955?

Jedenfalls übte König Heinrich I. Druck aus bei der Umsetzung seiner Burgenbauordnung. Denn diese beinhaltete nicht nur die Baumaßnahmen, sondern auch die Aufstellung eines Heeres, das befähigt war, die Ungarn zu schlagen – vor allem ein Reiterheer. Dafür jedoch war gewiss viel Geld erforderlich: Waffen und Ausrüstungen mussten gefertigt und die Soldaten ausgebildet und entlohnt werden. Eisen war ebenfalls in jener Zeit noch sehr wertvoll und teuer und Silber rar. Beides aber gab es im Harz; es kann also durchaus davon ausgegangen werden, dass Heinrich I. den Bergbau in der Harzregion forcierte. Auch wenn uns dafür keine schriftlichen Quellen vorliegen, kann dies wohl mit großer Sicherheit angenommen werden. Außerdem wissen wir, dass Heinrich die Waffenruhe für Sachsen mit einem Tribut erkaufen musste – auch dieser wollte bezahlt werden. Langsam entwickelt sich nun eine

Vorstellung, warum Sachsen für die Magyaren-Völker so verlockend war.

König Heinrich I. rüstete also das sächsische Land gegen die Ungarn, die zwischenzeitlich in den südlichen Teilen des Reiches weiter ihre Raubzüge unternahmen. Die kluge Innenpolitik Heinrichs führte dazu, dass er mit Bayernherzog Arnulf und weiteren Großen des Reiches ein gemeinsames Vorgehen gegen die Ungarn vereinbaren konnte.

Als Heinrich I. das Reichsbündnis geschmiedet hatte und sich stark genug fühlte, verwehrte er den Ungarn die jährliche Tributzahlung. Als eine Gesandtschaft der Ungarn im Jahr 932 anreiste um den fälligen Tribut entgegenzunehmen, soll er ihnen stattdessen einen toten Hund vor die Füße geschleudert haben. Diese schmähliche Behandlung bedeutete das Ende des Waffenstillstandes.

Viel ist über die darauf folgenden Kampfhandlungen mit den Ungarn nicht überliefert; die einzige Quelle ist hier wiederum der sächsische Geschichtsschreiber Widukind von Corvey. Demnach ist es im Frühjahr des Jahres 933 zu keiner entscheidenden Schlacht gekommen, auch wenn die Geschichtsforscher das entscheidende Ereignis als Schlacht von Riade bezeichnen. Die einfallenden Ungarn, deren Heer wie üblich aus leichter Reiterei bestand, wurden zunächst von leicht bewaffneten thüringischen Kriegern mit vermeintlicher Wehrlosigkeit gelockt. Doch plötzlich standen die Ungarn vor dem gewaltigen königlichen Heer. Die Ungarn traten, wohl überrascht von der übermächtigen Präsenz des Gegners, den Rückzug an, der in einer Flucht endete. Dieses Aufeinandertreffen der beiden Heere soll gemäß Widukind an der Mündung der Helme in die Unstrut stattgefunden haben. Das königliche Heer lagerte „bei Riade", wonach dann dieses Ereignis benannt wurde.

Die Strategie von König Heinrich gegen die Ungarneinfälle hatte Früchte getragen. In der Zeit von Heinrichs Regentschaft unternahmen die Ungarn keinen Angriff mehr auf sächsisches Gebiet.

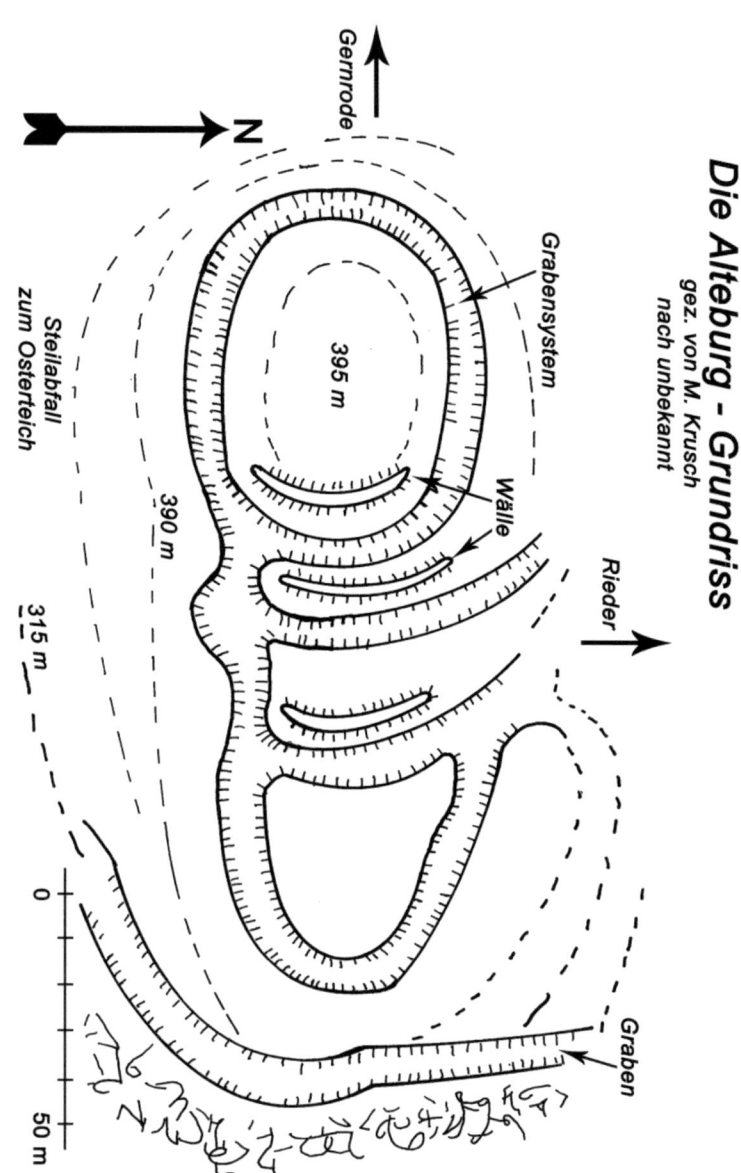

Heinrich hatte durch diesen Sieg seine Position als König erheblich gestärkt und regierte fortan fast unangefochten. Er hatte Sachsen und besonders die Nordharzregion stark befestigt und gleichzeitig seine dortigen Besitztümer gesichert und erweitert. Die Nordharzregion mit der Pfalz in Quedlinburg war zum Reichsmittelpunkt geworden – sie war gut gesichert und reich an Erzen.

Die Regierungszeit von Heinrich I. gehört zu den quellenärmsten des gesamten Mittelalters, was wohl daran liegt, dass die Sachsen es noch nicht gewöhnt waren Geschichtsschreiber zu unterhalten. Heinrich nahm auch von der Tradition seiner fränkischen Vorgänger Abstand, sein Erbe unter seinen Söhnen aufzuteilen – sein ältester Sohn Otto wurde sein alleiniger Nachfolger.

Mit der Geschichte von Heinrich I. begann auch die Geschichte von Markgraf Gero. Geros Vater Thietmar I. war Lehrer und Erzieher von Heinrich I. sowie während Heinrichs Königswürde dessen engster Vertrauter. Demgemäß war Thietmar mit seiner Familie ständig mit dem Königstross unterwegs. So kannten sich Otto I., Heinrichs Sohn, und Gero, Thietmars Sohn, von Kindheit an. Da Gero etwa 12 Jahre älter war als Otto, nahm ersterer sicherlich auch eine Art Lehrer- und Erzieherrolle für Otto ein. Geros Familie hatte umfangreiche Güter in Nordthüringen und es wird auch angenommen, dass sein Vater Thietmar die Gersdorfer Burg östlich von Quedlinburg errichtete. Es liegt die Vermutung nahe, dass Heinrich seinen Vertrauten Thietmar in seiner Nähe haben wollte und ihm daher den Landbesitz Gersdorf, nahe Quedlinburg, schenkte. Allerdings wäre es auch möglich, dass der Besitz aus einem Billinger-Erbe stammt, denn Thietmars Schwiegersohn stammte wahrscheinlich aus diesem ostsächsischen Geschlecht.

Geros Großvater war Graf Asig von der Ostmark, der erste nachweisbare Vertreter dieses Geschlechtes. Ich nenne Geros Geschlecht daher „Asiglinger". Die Liudolfinger und die Asiglinger waren außerdem gleichzeitig auch über das Geschlecht der Billinger miteinander verbunden, die in der Quedlinburger Region umfangreichen Besitz hatten.

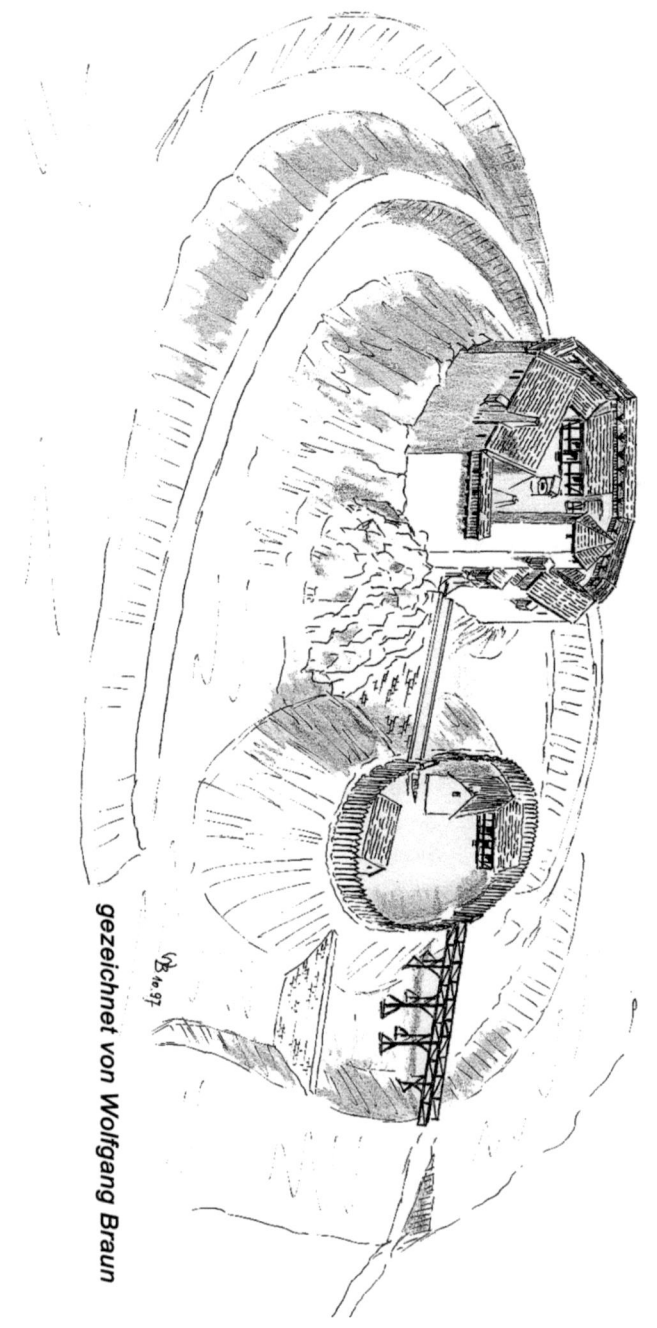

Die Gersdorfer Burg bei Quedlinburg/Sa.-Anh.

gezeichnet von Wolfgang Braun

Heinrichs Sohn und Nachfolger, Otto I., hatte jedoch trotz des Sieges seines Vaters über die Ungarn das Ungarnproblem noch nicht endgültig gelöst. Mitte des Jahres 938 nutzten die Ungarn eine Erhebung gegen den jungen König Otto, um erneut in Sachsen und Thüringen einzufallen. Wiederum hatten Sachsen und Thüringer den Stoß auszuhalten. Im Schwabengau, dort wo die Bode das Harzgebirge verlässt, schlugen die Ungarn ihre Lager auf und ergossen sich von dort plündernd, brennend und mordend über das umliegende Harzvorland. Die Burgenbauordnung Heinrichs trug jedoch Früchte: Die neuen Verteidigungsanlagen und die gut ausgerüsteten und ausgebildeten Krieger konnten die Ungarn zurückschlagen. Ein großer Teil von ihnen zog von der Bode aus nordwestwärts. Wahrscheinlich nahmen sie die alte Heerstraße von Staßfurt, zwischen Elm und Huy hindurch, zur Oker. An der Steterburg bei Wolfenbüttel wurden die Ungarn dann von der Burgbesatzung angegriffen und erlitten starke Verluste. Von diesem Sieg ermutigt erfolgten alsbald aus allen befestigten Orten und Burgen Angriffe der Sachsen, deren sich die Ungarn nicht mehr erwehren konnten. Diese konnten nur noch die Flucht ergreifen, – auch einer ihrer Führer wurde von den Sachsen erschlagen. Die fliehenden Ungarn sollen dann von einem Wenden in sächsischen Diensten in den Sumpf des Drömling gelockt und dort von den Sachsen bis auf den letzten Mann niedergemacht worden sein. Als die an der Bode verbliebenen Ungarn diese Nachricht erhielten, flüchteten sie zurück in ihre Heimat. So beschrieb es Chronist Widukind. Ob Gero diese Kämpfe der Sachsen leitete ist von Widukind nicht überliefert. Da er aber an den etwa zeitgleichen Kämpfen seines Königs bei der Eresburg an der Diemel gegen Ottos Widersacher nicht beteiligt war, ist seine Teilnahme an den Ungarnkämpfen wohl anzunehmen. Zumal diese Auseinandersetzungen fast ausschließlich in seinen Comitaten stattfanden.

Es folgten verschiedene Ungarneinfälle im Süden des Reiches und erste Niederlagen für die Magyaren. Otto stellte das magyarische Heer am 10. August 955 in der Schlacht auf dem Lechfeld bei Augsburg. Anders als sein Vater bei Riade, gab sich Otto nicht mit der Vertreibung zufrieden, sondern ließ den fliehenden Magyaren auflauern und diese niedermachen, bis das gesamte Heer aufgerieben war. Nie wieder sollten die Ungarn in das Heilige Römische Reich Deutscher Nation zurückkehren. Die sächsischen Wallburgen waren damit strategisch ohne Bedeutung, denn sie dienten nur dem Schutz vor äußeren Feinden.

Dies muss Otto I. und auch seinem Vertrauten Gero klar gewesen sein. Schon kurz nach seinem Regierungsantritt übertrug Otto im Jahr 936 Gero die sächsische Ostmark und machte ihn zum Markgrafen. Gero war somit nicht nur königlicher Vertrauter und Freund, sondern auch eine der mächtigsten Persönlichkeiten jener Zeit. Die Quellen aus dieser Zeit sind noch sehr spärlich. Aber wir können davon ausgehen, dass in der Nordharzregion schon bald nach dem endgültigen Sieg über die Ungarn eine rege Bautätigkeit eingesetzt hat, eine, die erstmals auf Steinbauten setzte. Wie ist es sonst zu erklären, dass die Roseburg erstmals 963, die Burg Geronisroth 963, die Burg Gatersleben 964 und die Gersdorfer Burg bereits 961 genannt wurden. Diese Burgen müssen also schon bestanden haben, als sie erstmals genannt wurden; solche Monumentalbauten lassen sich nicht über Nacht errichten.

Wie die Liudolfinger zu ihrem Grundbesitz in der Nordharzregion gekommen sind, habe ich zu erläutern versucht – durch Erbschaft von den Billingern. Nach der Stiftsgründung im Jahr 936 durch Otto I. für seine Mutter Mathilde, sowie zur Memoria für seinen Vater, kam Grundbesitz durch umfangreiche Schenkungen hinzu.

Wer aber was schenkte ist nur sehr dürftig überliefert. Es stellt sich die Frage, wer konnte Grundbesitz verschenken? Mit der Niederlage der Sachsen gegen die Franken war sämtlicher Grundbesitz Königsbesitz geworden. Karl der Große und seine karolingischen Nachfolger setzten königstreue Amtmänner als Gaugrafen ein, die die Comitate verwalteten. Zumeist wohl sächsische Adlige, die zuvor bereits in ihren Comitaten Besitz und Macht hatten – nur so konnte er den Frieden erhalten. Aber es wurden auch fränkische Beamte eingesetzt, wie z.B. in Magdeburg.

Kommen wir also nochmals auf die Frage zurück: Warum wählten die Liudolfinger die Region Quedlinburg als Zentrum ihrer Macht, obwohl ihre Heimat doch in der Gandersheimer Region lag?

Seit dem Ende des Naziregimes ist es mehr oder wenig politisch und damit auch wissenschaftlich unkorrekt, auf geschichtliche Zusammenhänge zu verweisen, die auf germanischen Traditionen beruhen. Gewiss, die Nationalsozialisten haben uralte germanische (heidnische) Symbole missbraucht, allen voran das Hakenkreuz. Und sie haben mit ihrem Rassenkult die Welt ins Unglück gestürzt.

Diese Tatsache ändert aber nichts daran, dass die Harzregion altes sächsisches und somit germanisches Kernland war und sie ändert somit auch nichts an der Tatsache, dass Hakenkreuze in den verschiedensten Ausführungen Sonnensymbole der Germanen waren. Im Depot des Landesamtes für Archäologie und Denkmalspflege Sachsen-Anhalt habe ich mit eigenen Augen zahlreiche vorgeschichtliche Keramikgefäße gesehen, die mit Hakenkreuzen verziert sind, wie sie auch von den Nationalsozialisten verwendet wurden.

Die Stammesverbände der Cherusker, Chatten, Sueben, Langobarden und Hermunduren waren am Harz ansässig. Diese Germanenstämme waren schon von den Römern gefürchtet und brachten ihnen in der Varusschlacht die wohl bitterste Niederlage in Germanien bei. Aus diesen Stammesverbänden, sowie weiteren, entstand der westgermanische Völkerverband der Sachsen, der bis zu den Sachsenkriegen Karls des Großen die Nordharzregion dominierte. Fast nichts wissen wir über diese Zeit und diese germanischen Völker; was wir wissen stammt aus der Feder von Römern und Franken. Noch dazu sahen diese beiden Völker die Germanen als Barbaren an. Nur die Wissenschaft der Archäologie hellt jene dunkle Zeit etwas auf, in dem sie Hinterlassenschaften der alten Kulturen interpretiert. Leider ist diese Wissenschaft noch recht jung. Für viele germanische Hinterlassenschaften wurde in früheren Jahrhunderten die geschichtliche Bedeutung verkannt. Sie gingen wieder verloren oder aber wurden, wenn die Funde aus wertvollen Metallen bestanden, eingeschmolzen und neu verarbeitet.

Wir wissen heute, dass auch die Thalenser Region, mit ihrer Rosstrappe und dem Hexentanzplatz, in vor- und frühgeschichtlicher Zeit eine bedeutende Rolle eingenommen hat. Sicherlich waren diese beiden exponierten Standorte keine Siedlungsorte – eher wohl Kultstätten, Thing- oder Malstätten sowie Fluchtburgen. Die Anzahl der vor- und frühgeschichtlichen Funde in den Hochlagen war groß: steinerne Werkzeuge, gefertigt aus heimischen Gesteinen, Keramik in vielen Facetten sowie zahlreiche bronzene und eiserne Schwerter, Beile, Lanzenspitzen, aber auch Schmuck und Gebrauchsgegenstände. Auch im Bodetal wurden umfangreiche Funde gemacht – wohl Weihefunde und Opfergaben, sogar eine Krone oder ein Diadem. Auch Schmiedeplätze wurden entdeckt und selbst die Gussform für einen schönen Zieranhänger.

Das Hakenkreuz-Wappen der Herren von Thale, der einstigen Gerichtsherren im Gebiet der Kultstätten des unteren Bodetales. Die Schildfarben sind Weiß (Silber) und Rot.
Dem Wappen wohnt eine tiefe symbolische Bedeutung inne.
gez. von C. G. Harke

Über Jahrhunderte dominierte in Thale das Adelsgeschlecht der Herren von Dale (Thale), welche als Lehensmänner der Regensteiner angesehen werden und um 1650 ausstarben. Über die Abstammung dieses Adelsgeschlechts wissen wir fast nichts, doch hatten sie in ihrem Wappen ein prägnantes Hakenkreuz. Ein solches germanisches Sonnensymbol im Familienwappen lässt auf eine sehr lange Tradition schließen, die weit in vorchristliche Zeiten zurückreicht.

Auch die Quedlinburger Region hat einige solcher Kult-, Thing- und Malplätze aufzuweisen, die möglicherweise zusätzlich als Fluchtburgen dienten: dem Königstein bei Westerhausen, dem Quedlinburger Schlossberg, dem Münzenberg, dem Lehof, dem Haidberg, der Altenburg, dem Hoseberg, dem Eselsstall, den Hasen- und Schlossköpfen und dem Strohberg kommt eine solche Bedeutung wohl zu. Dass diese Region über Jahrtausende besiedelt war, haben die archäologischen Grabungen entlang der Trasse der neuen B6 zweifelsfrei ergeben. Zudem ist allgemein bekannt, dass sicherlich zahlreiche christliche Kirchen auf „geweihtem Boden des vorchristlichen Naturglaubens" errichtet wurden: z.B. die St. Aegidii-Kirche in Quedlinburg, die Dorfkirchen von Wedderstedt und Warnstedt und die der Wüstungen Groß Orden und Marsleben. Bekannt war für das Dorf Marsleben, welches im 15. Jahrhundert aufgegeben wurde, dass es eine Peterskirche besessen hatte. Mittels geophysikalischer Methoden wurde diese Kirche, an der bereits im Jahr 1902 gegraben wurde, erneut lokalisiert. Neben zahlreichen anderen Funden wurde auch ein frühmittelalterlicher Grabstein gefunden. Eine bedeutende Entdeckung, denn anhand einer Kreuzdarstellung sowie weiterer christlicher Zierelemente ließ sich dieser Stein in die karolingische Zeit datieren. Eine Erkenntnis, die so vorher nicht für möglich gehalten wurde und die auch vermuten zulässt, das die Quedlinburger Region schon vor der Unterwerfung durch Karl den Großen in den Sachsenkriegen unter fränkischen Einfluss oder sogar fränkische Verwaltung gekommen war. Vielleicht kam die Region sogar nach Pippins letztem Sachsenzug im Jahr 748, der im Zusammenhang mit der Zerstörung der Hochseeburg stand, schon in fränkische Hände. Dies wäre auch eine plausible Erklärung dafür, wie die Billinger durch ihre fränkische Heiratspolitik schon unter Karl dem Großen zu Allodialbesitz in der Region gekommen waren.

Die St. Wipertii-Krypta des Königshofes zeigt eine Anzahl nordischgermanischer Sinnbilder. So ist dort ein Säulen-Kapitel erhalten, das Verzierungen zeigt mit einem Lebensbaum, Sonnenscheiben, Zauberknoten sowie einem Lilienkreuz.

Lebensbaum neben der Heinrichsgruft Lilienkreuz in der Wipertikrypta
Foto K. Th. Weigel   gez. von Bernd Sternal

Wohl auch die Gernröder Region kann man als uralte Stätte germanischen Lebens ansehen. Dabei nimmt sicherlich der Stubenberg eine besondere Rolle ein. Wir verbinden heute damit meistens das Hotelgebäude auf diesem Kegelberg, dem Stubenberg, der auch Herrenbergkuppe genannt wird. Ins Licht der schriftlichen Quellen trat er erst im Jahr 1656, als der Rat das Holz auf dem „Stobenberck" an einen gewissen Ulrich Reuel für 35 Thaler verkaufte. Im Jahr 1754 ließ Fürst Victor Friedrich von Anhalt-Bernburg auf der Stubenbergkuppe ein Jagdhaus, ein „russisches Haus", erbauen. Der Berg erhielt darauf hin den offiziellen Namen Herrenberg, diese Bezeichnung setzte sich aber nie durch. Dass an der Bergkuppe, unterhalb der Bebauung, eine Art Terrasse angelegt wurde, hat vermutlich nichts mit der neuzeitlichen Bebauung gemein. Der Historiker W. Schubart gib sogar an, dass noch 1700 dort oben ländliche Feste gefeiert wurden. An den Steilhängen des Stubenberges wurde einst sogar Bergbau betrieben, wovon noch heute zugemauerte alte Mundlöcher zeugen. Ob die alten Mutmaßungen zutreffen, dass der Stubenberg unterirdisch mit der Stiftskirche verbunden sei, diesem Bergbau zugeschrieben werden können? Unmittelbar am Stubenberg führte eine uralte Straße in den Unterharz. Ihr Name „Frankenstieg" sagt einiges aus. Diese Straße führte über die wüste Ortschaft Behem, die erstmals bereits 964 genannt wurde und am heutigen Haferfeld vermutet wird.

Unterhalb des Stubenberges, im Tal des Hagenbaches, lag ein Hügel umgeben von einer Sumpf- und Seenlandschaft, die sich besonders nördlich des Hügels ausdehnte. Den letzten Teil davon, die Große Bauernwiese mit ihrem Sumpfgebiet, habe ich noch selbst kennengelernt – dieser Bereich wurde erst in den 1970er Jahren trockengelegt. Der ideale Standort für eine Burganlage, die nach Süden, Westen und Norden durch Sumpf- und Seenflächen gesichert war. Die zusätzlich angelegten Wassergräben sind besonders im Osten, im Bereich der Pfarrei, noch heute sichtbar. Dort befand sich auch der Zugang zur Burg Geronisroth. Die Speisung des Grabensystems erfolgte über den Hagenbach im Hagental. Der Wortstamm Hagen deutet dabei auf ein angelegtes, gehegtes Gehölz hin, das zu Schutzzwecken dienen sollte; es könnte sogar auf ein geheiligtes Waldstück in vorchristlicher Zeit hinweisen.

Auch der Osterberg, die Alteburg bei Rieder und der Stubenberg deuten darauf hin, dass die Gernröder Region schon in sächsischer, also vorchristlicher Zeit eine regionale Bedeutung innehatte. Ich gehe davon aus, dass König Heinrich I., der Burgenbauer, seine Untertanen dazu angehalten hat, solche strategisch bedeutenden Standorte zu nutzen, um dort Befestigungen zu errichten – oder auch bereits vorhandene Fluchtburgen auszubauen.

Eine im Jahr 961 von Otto I. im Königshof zu Siptenfelde ausgestellte Urkunde gibt meiner Vermutung zusätzliche Nahrung: „Es sei allen Gläubigen von heute und in den noch kommenden Zeiten kund getan, dass Markgraf Gero dem bei der urbs, die Geronisroth heißt, gelegenen Kloster, das er und sein Sohn Siegfried gegründet haben, sein ganzes Erbe vermacht." Das Wort urbs bedeutete Burg, kann aber auch für Stadt oder Ortschaft stehen. Einige Grabungsunternehmungen in den ersten Jahrzehnten des 20. Jahrhunderts brachten allerdings keine neuen Erkenntnisse, Mauerreste wurden nicht gefunden.

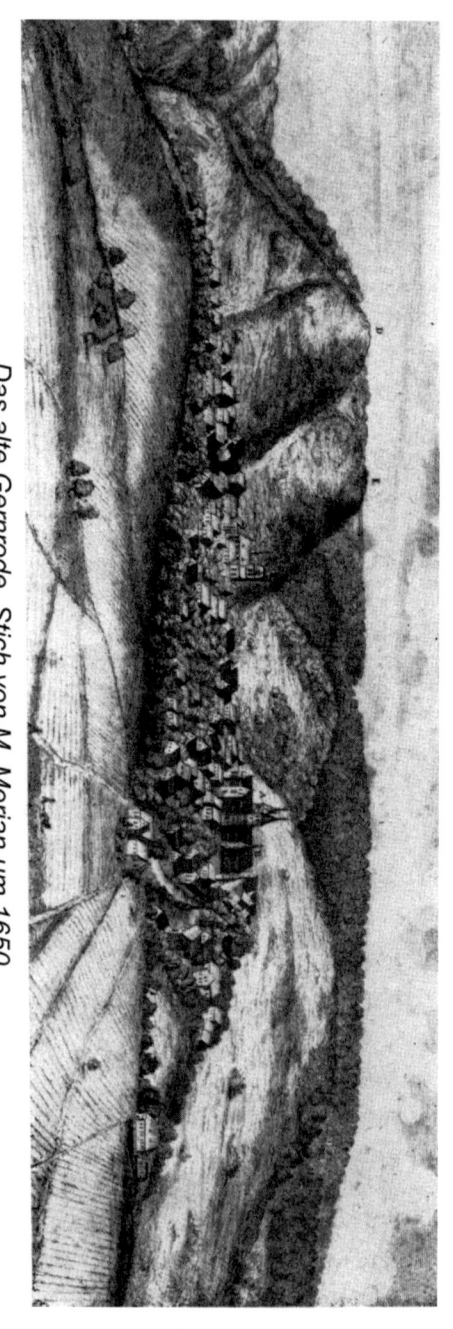

Das alte Gernrode, Stich von M. Merian um 1650

Solche schliesse ich aber auch weitgehend aus, denn zu Beginn des 10. Jahrhunderts sowie davor wurde in Sachsen wohl nur sehr selten mit Stein gebaut; Holz-Erde-Konstruktionen sowie Trockenmauern waren die üblichen Bautechniken.

Markgraf Gero hat sich als Standort für seine Residenz Gernrode auserkoren; ob er die Burg Geronisroth (und vielleicht auch eine gleichnamige Ortschaft) erbaut hat wissen wir nicht. Urkundlich ist nur bestätigt, dass er dort, bei der urbs, ein freiweltliches Damenstift gründete, dem er sein gesamtes Erbe vermachte.

Tür mit Sonnenrädern an der St. Cyriakuskirche (eigenes Archiv)

Niemand hat sich bisher anscheinend wirklich die Frage gestellt, warum die Liudolfinger sich in Quedlinburg und Gero sich in Gernrode angesiedelt hatten. Die Franken und ihre Missionare nutzten in Sachsen häufig die Thing- und Kultplätze der „Heiden", um an diesen – dem Volk bekannten Stätten – Kirchen und Klöster zu errichten. Die Kirche als solche war im Mittelalter und auch bereits davor nicht nur Volksreligion, sondern auch Machtinstrument. Bei den sächsisch-stämmigen Gaugrafen hingegen, wie auch beim Volk, hielten die alten Bräuche noch lange Zeit an. Markgraf Gero legte seine neue Burg Geronisroth nicht dort an, wo ihm seine Stammgüter zugeschrieben werden, also in der Region Nordthüringen – vorzugsweise am Bodeknie bei Alsleben. Er errichtete sie vielleicht dort, wo bereits seine Vorfahren eine alte germanische/sächsische Thingstätte hatten – vermutlich auch schon eine Fluchtburganlage – in Gernrode. Dass Markgraf Gero noch eng mit den sächsischen Bräuchen verbunden war, darauf deuten zahlreiche Sonnenräder und andere germanische Symbole in der St. Cyriakuskirche hin.

Auch den Liudolfingern kann man ähnliche Beweggründe für die Auswahl Quedlinburgs als neues Macht- und Memoria-Zentrum unterstellen. Das prägende Wappensymbol dieses sächsischen Geschlechtes gibt Anlass, genauer hin zu schauen: Die Liudolfinger führten das Lilienkreuz, ein altes germanisches Symbol, im Wappen und ließen ihre Wipertii-Kapelle mit Bandornamenten des Lilienkreuzes verzieren.

Die Frage, wie Markgraf Gero zu dem umfangreichen Eigentum an Grund und Boden kam, ist damit aber noch nicht beantwortet. Schon kurze Zeit nach den siegreichen Ungarnkriegen in der Harzregion sowie dem Sieg Ottos I. gegen seinen Halbbruder und Widersacher Heinrich, brach neues Ungemach über den jungen König herein. Wie neuerlich Widukind berichtet, hatte Otto I. mit seiner Politik, insbesondere mit der Neubesetzung bedeutender Ämter zuerst an Hermann Billung und dann an Gero, mächtige Adlige im gesamten Reich brüskiert. Es folgte ein langer und intensiver Machtkampf in Form von Aufständen im ganzen Reich, die vom Jahr 937 bis 941 dauerten. Dies war wohl die härteste Bewährungsprobe für Otto den Großen. Hinzu kam die Bedrängung durch die Dänen im Norden und die slawischen Völker östlich der Elbe. Der König übertrug die Verteidigung des Reiches nach außen im Norden an Hermann Billung und gegen Osten an Markgraf Gero. Otto konnte sich auf seine beiden Heerführer verlassen und sich ganz den inneren Aufständen widmen und diese für sich und somit für die Ottonen entscheiden. Nach der Konsolidierung seines Königtums wandelte Otto I. in den Jahren 941 bis 946, wie eine Reihe von Urkunden belegen, Lehen des Markgrafen Gero in Eigentum um. Diese Schenkungen können als Dank, Anerkennung und Belohnung für dessen Loyalität gewertet werden. Im Jahr 946 erfuhr Geros Stellung eine weitere Aufwertung und Machterweiterung durch den König. Die noch erhaltenen Urkunden bezeichnen ihn seit jenem Jahr nicht bloß als Markgrafen (marchio) sondern als Herzog und Markgrafen (dux et marchio). Seine Stellung war fortan die eines Reichsherzogs. Auch Geros Sohn Sigfrid erfuhr besondere Ehren seitens des Königs. Er wurde von Otto I. höchst selbst aus dem Taufwasser gehoben. In einer Urkunde vom 7. Juli 941, ausgefertigt in Rohr, zeichnete der König sinngemäß: „......diesem seinen geistigen Söhnlein auf Bitten seines so geliebten Markgrafen Gero und verschiedener anderer Edlen als Patengeschenk umfangreiche Besitzungen in den Dörfern Oster- und Westeregeln, die zuvor Geros Lehen waren, ferner Waldgebiete auf dem Hakel und zwölf Hofarbeiter zum freien Eigentum geschenkt."

Grabmal von Markgraf Gero, unbekannter Zeichner

Allerdings erklärt diese Amtshandlung des Königs nicht den Besitz Geros in Gernrode sowie im Schwabengau westlich von Saale und Elbe. Denn der Markgraf ließ im Jahr 938 angeblich 30 Slawenfürsten bei einem Gastmahl in Gernrode erschlagen. Die Übereignung von Lehen an Gero erfolgte aber erst nach 941 und die Burg Geronisroth in Gernrode, in der die Mordtat geschehen sein soll, muss also 938 schon bestanden und den nötigen zeitgemäßen Komfort geboten haben, um diese Fürsten zu empfangen.

Markgraf Gero hatte sich das Gernröder Stift auch zur Memoria errichtet. Prunkvoll soll seine Begräbnisstätte gewesen sein, die aber zerstört wurde und von der es keine Überlieferung gibt. Doch in der Stiftskirche steht bis heute ein auf Holz gemaltes Bild Geros, wohl aus dem frühen 16. Jahrhundert, das nach dem ursprünglichen Grabmal aus dem 10. Jahrhundert gemalt sein soll.

Auf dem Bild ist frontal ein Mann in einem kurzen roten Leibrock mit Gurt zu erkennen, der auf einem flachen sechseckigen Sockel steht, auf dem außerdem noch ein Hund liegt. In der linken Hand trägt der bärtige Mann ein Richtschwert, über dessen Parierstange ein Schild mit aufgemaltem rotem Adler hängt. Mit der erhobenen rechten Hand umfasst er eine Lanze mit einem Wimpel, auf dem ein schreitender Löwe zu erkennen ist. Die zahlreich mit Edelsteinen eingefassten Borten des Gewandes im Stil des 10. Jahrhunderts zeugen davon, dass es sich um eine hochrangige Persönlichkeit handelt – Markgraf Gero, wie die Inschrift auf dem Abbild aussagt. Wir wissen nicht, wie Geros Grabmal einst aussah. Wäre der Adler (oder sogar der rote Adler) allerdings Bestandteil von Geros Grabmal aus dem 10. Jahrhundert gewesen, so wäre dies wohl das älteste Wappenbild eines Adlers überhaupt. Zudem ist der Adler ein Sinnbild für die Ar-Rune sowie Sinnbild für den germanischen Hauptgott Odin; es deutet auf alte sächsische Bräuche hin. Als Reichssymbol ist der Adler später unter Otto II. und Otto III. nachzuweisen. Urkundlich ist der Adler als Wappen erst aus der Zeit Albrechts des Bären überliefert, der bekanntlich im Jahr 1134 in Halberstadt von König Lothar mit der Mark Brandenburg belehnt wurde. Wir wissen, dass Geros Geschlecht mit dem der Askanier verwandt war. Albrecht der Bär trug den Adler nach Brandenburg, wo er das Wappen von Kurbrandenburg prägte. Später wurde der Adler preußisches Staatswappen; heute ist er das bundesdeutsche Wappentier.

Das auf Holz gemalte Bildnis des Markgrafen Gero in der Stiftskirche in Gernrode – mit dem „Roten-Adler-Wappen", eine Nachbildung seines Grabmales aus dem 10. Jahrhundert. (gezeichnet von C. G. Harke) Der „Rote Adler" stellt nachweisbar das älteste Reichswappen (in den Grenzmarken) dar. Er wurde das Wappen Kurbrandenburgs (wie Tirols) und erlangte so höchste Bedeutung in der Reichsgeschichte.

Unklar ist nach wie vor der Besitz Geros in Bernburg. Die Bernburger Region, mit ihrem fruchtbaren Lößboden, war bereits seit der Steinzeit ein bevorzugtes menschliches Siedlungsgebiet. Der heutige Stadtteil Waldau wurde bereits im Jahr 806 erstmals urkundlich erwähnt. Nach neuesten wissenschaftlichen Erkenntnissen bestand „Waladala" aber bereits in der frühen römischen Kaiserzeit.

Klaudios Ptolemaios, griechischer Gelehrter in römischen Diensten, hat mit „Geographike Hyphegesis" eines der wichtigsten Werke der antiken Literatur geschaffen. In seiner „Geographie" der Germania Magna hat er auch einen antiken Ort östlich des Harzes vermerkt. Allerdings war dieses Werk in der Vergangenheit für die Wissenschaft noch ein „verzaubertes Schloss", denn die Koordinaten von Ptolemaios waren nicht zu deuten. Ein interdisziplinäres Wissenschaftlerteam hat sich vor einigen Jahren dieser Herausforderung angenommen. Ein Ergebnis dieser Arbeit ist auch das Buch „Germania und die Insel Thule". In diesem Werk wird dem antiken Ort der antike Name Luppia zugeordnet und die Lokalität wird bei Bernburg an der Saale verortet.

Der Bernburger Raum markierte schon ab dem frühen Mittelalter eine Spannungszone zwischen Sachsen, Franken und slawischen Völkern. Daher bildete sich wohl an der Saale – wo heute Bernburg liegt – eine militärisch gesicherte Grenze. An dieser Grenze hatte der Burgbezirk auf dem mächtigen Sandsteinfelsen über dem östlichen Ufer der Saale eine besondere strategische Bedeutung. Eine große frühmittelalterliche Burganlage konnte inzwischen auf dem Bernburger Schlossberg archäologisch nachgewiesen werden.

Am 29. Juli 961 erscheint in einer Schenkungsurkunde des Königs Otto I. eine civitas Brandanburg. Diese sächsische Rund- und Fliehburg mit Wall war vermutlich die Bernburg. Zu jener Zeit hatte auch Markgraf Gero dort Besitz. Ihm gehörte in Waladala, auf dem Westufer der Saale, ein befestigter Hof, welcher in der zweiten Hälfte des 10. Jahrhunderts ein zum Gernröder Stift zählender befestigter Klosterhof war. Es wird vermutet, dass jener als fränkischer Königshof angelegt wurde. Wann und wie Gero oder wohl zuvor schon seine Vorfahren in den Besitz in Waladala gekommen sind, darüber gibt keine Quelle Auskunft.

Rekonstruktion des Schlossberges in der ersten Hälfte des 10. Jahrhunderts, H. Wäscher, Halle

In unsere Betrachtungen sollten wir auch folgende Denkansätze einbeziehen: In den ursprünglich nichtgermanischen Regionen Deutschlands, also in den Landen an Rhein und Donau, sind gewaltige Volksburgen vorhanden. Der Ursprung dieser teilweise sehr ausgedehnten Befestigungsanlagen ist noch in der Jungsteinzeit oder der Bronzezeit zu suchen. In Norddeutschland, genauer zwischen Rhein und Elbe, im germanischen Mutterland, sind derartige Wehranlagen dagegen kaum zu finden. Wir haben zwar inzwischen viele Nachweise von vorgeschichtlichen Siedlungen in dieser Region, so auch im Nordharzer Vorland; gewaltige Volksburgen ähnlich den von Cäsar beschriebenen oppida Alesia, Bibracte, Gergovia sind aus diesem Gebiet aber nicht bekannt. Nur wenige Standorte, die als Volksburg-Standorte angesehen werden, sind nördlich des Harzes bisher auch auf vorgeschichtliche Zeit datiert

Das verlandete Flußbett der Röße vor Waldau und der Schäferberg (Martinsberg). Links die Reste des 1000-jährigen Gernröder Hofes, rechts unten Häuser des 16., rechts oben des 20. Jahrhunderts. (Foto Franz Schmidt)

worden. Wo liegen dafür die Ursachen? Burgen dienten zu allen Zeiten der Sicherheit nach außen und innen. Wir können also annehmen, dass es in der Harzregion sowie im norddeutschen Flachland sowohl nach innen wie auch nach außen ruhig und verhältnismäßig friedlich zugegangen sein muss. Anscheinend nicht einmal gegen die Römer sahen es die germanischen Völker als notwendig an, größere Fluchtburgen zu errichten. Diese beachtenswerte Situation könnte auch darauf hindeuten, dass es zwischen den Römern und den germanischen Völkern auch nach der Varusschlacht nicht besonders feindselig, sondern vielleicht eher kooperativ zuging. Dies scheint sich auch nach dem Abzug der Römer, und den ihnen westlich des Rheines nachfolgenden merowingischen Franken, wenig geändert zu haben. Für die Harzregion sind bisher keine sächsischen Volksburgen zweifelsfrei verifiziert. – Es gibt die Annahme, dass die mehrfach von den Franken erwähnte Hoohseoburg auf dem großen Hoseberg zwischen Quedlinburg und Wedderstedt zu suchen ist (siehe Harz-Geschichte Band 2). Aber auch die Hünenburg bei Watenstedt ist als diese Burg im Gespräch. Erwiesen ist heute, dass zu Zeiten der beginnenden Okkupations- und Christianisierungsbemühungen durch die Karolinger sächsische Volksburgen bestanden haben. Es wird davon ausgegangen, dass jeder Gau seine eigene Volksburg hatte, weitere regionale Fliehburgen sind anzunehmen. So vertrat der Archäologe Prof. Dr. Carl Schuchhardt für Quedlinburg folgende Auffassung: „Zuerst bestand auf der Bergeshöhe die Volksburg „Altenburg", dann errichteten die Liudolfinger am Fuße des Berges ihren befestigten Herrenhof, um unter Heinrich I. auf dem Schlossberg die Dynastenburg zu errichten. Mit der Eroberung Sachsens durch die Franken wurde das Ende aller Volksburgen eingeleitet. Karl der Große zerstörte diese und beschlagnahmte die bereits bestehenden Herrenhöfe, die meistens zu Füßen der Volksburgen lagen. Er legte Straßen an und errichtete im westlichen Sachsen befestigte Königshöfe, die ihm und seinem Heer jederzeit sichere Unterkunft und Verpflegung boten. Durch diese bezwingende Dominanz ließ er keinen Zweifel an seiner Macht aufkommen und befriedete gleichzeitig Sachsen. Er setzte damit durch, was den Römern etwa 800 Jahre zuvor versagt geblieben war. In der norddeutschen Region (in Nordsachsen) sind diese karolingischen Königshöfe jedoch bisher kaum nachgewiesen worden. Stattdessen treten dort recht bald zahlreiche kleinere Rundwälle auf, die als Burgwarde gedeutet werden. Mittelpunkt dieser Burgwarde waren Fluchtburgen, neben ihnen lagen die sächsischen Wirtschaftshöfe. Diese Konstellation gibt Anlass zu der Vermutung, dass die Sachsen eine Abneigung gegen die Befestigung der Höfe selbst hegten. Diese Fluchtburgen aber waren für die Sachsen in grenznahen Gebieten zu den slawischen Völkern sicherlich überlebenswichtig." Sie verloren ihre Bedeutung erst mit der endgültigen Unterwerfung der Slawen zwischen Elbe und Oder durch Markgraf Gero.

Der um die Harzgeschichte so verdiente Historiker Archivrat Dr. Ed. Jakobs aus Wernigerode vertrat die Auffassung, dass die anhaltischen Dörfer direkt am Harz, also Ballenstedt, Gernrode, Rieder, aber auch die wüsten Ortschaften Bicklingen, Behem und Welbecke in eine vorchristliche Zeit hinein zu datieren sind.

Für diese Auffassung können folgende Argumente herangezogen werden, die sie stärken: Die germanische/sächsische Erd- und Frühjahrsgöttin Ostara hat besonders in Gernrode namentliche Spuren hinterlassen. Der Osterberg mit Osterkopf ist ihr gewidmet. Das Osterfeuer, das alljährlich im alten Sachsenland angezündet wurde, hat sich als alter germanischer Brauch bis heute dort erhalten. Die Feuer sollten weithin leuchten, daher wurden exponierte Standorte gewählt. Es kann davon ausgegangen werden, dass diese Osterfeuerstandorte auch für andere „heidnische" Bräuche und Zeremonien benutzt wurden. In Gernrode orientierten sich später weitere Namensgebungen an Ostara bzw. dem Osterberg: Ostehöhe, Osterteich, Osterallee, Ostergrund.

Grundsätzlich lassen sich im Frühmittelalter im Burgenbau in Sachsen zwei Typen unterscheiden, die sächsischen und die fränkischen. Die sächsischen Burgentypen knüpfen an die alten Volksburgen an und wurden vom sächsischen Adel fortgeführt und weiterentwickelt. Die fränkischen Burgentypen wurden von Franken und Normannen übernommen und haben ihre Wurzeln in römischer Tradition und Formgebung.

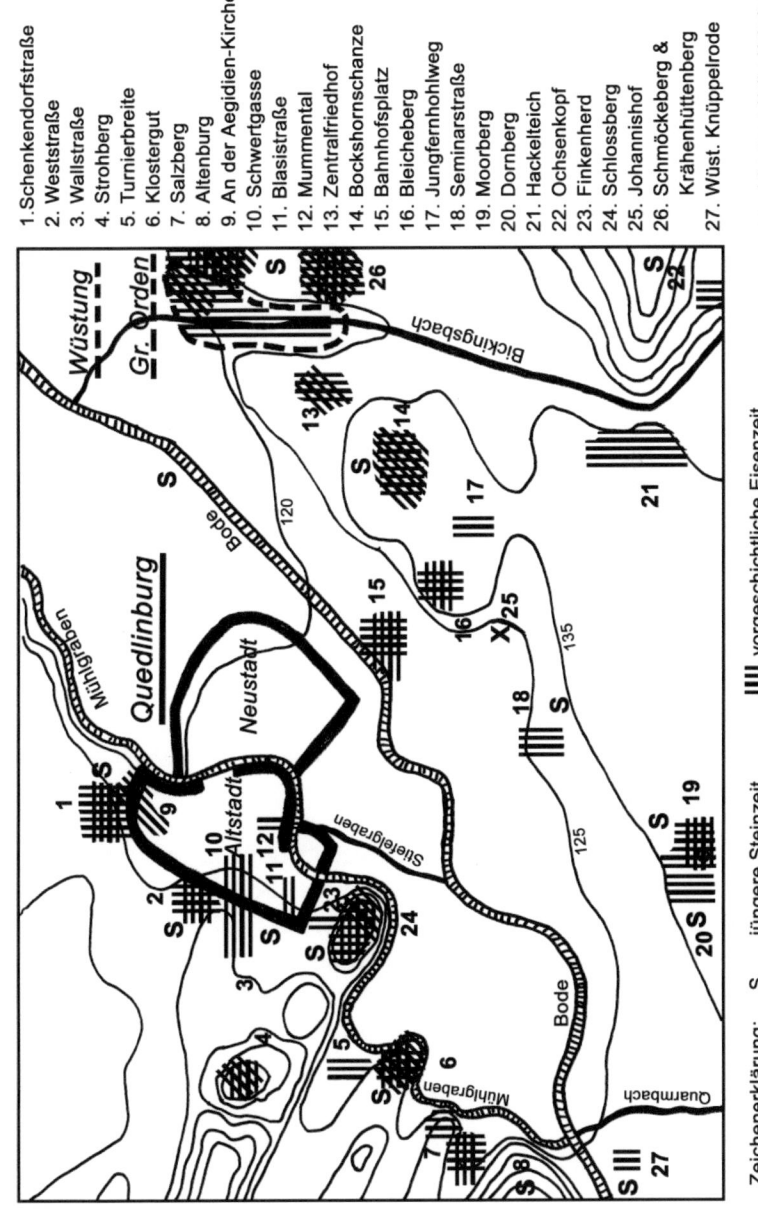

Karte der vorgeschichtlichen Fundorte im Stadtgebiet von Quedlinburg

1. Schenkendorfstraße
2. Weststraße
3. Wallstraße
4. Strohberg
5. Turnierbreite
6. Klostergut
7. Salzberg
8. Altenburg
9. An der Aegidien-Kirche
10. Schwertgasse
11. Blasistraße
12. Mummental
13. Zentralfriedhof
14. Bockshornschanze
15. Bahnhofsplatz
16. Bleicheberg
17. Jungfernhohlweg
18. Seminarstraße
19. Moorberg
20. Dornberg
21. Hackelteich
22. Ochsenkopf
23. Finkenherd
24. Schlossberg
25. Johannishof
26. Schmöckeberg & Krähenhüttenberg
27. Wüst. Knüppelrode

gezeichnet von Heike Heindorf nach Karte von 1936 von K. Schirwitz

Zeichenerklärung:
S   jüngere Steinzeit
||| (jüngere) Bronzezeit
||| vorgeschichtliche Eisenzeit
/// nachgeschichtliche Eisenzeit

Fränkische Burgen haben den Typus der Soldaten- und Eroberungsburgen, sie sind allerdings in Sachsen selten und in der Harzregion fehlen sie fast vollständig.

Die sächsische Volksburg dagegen ist hier wohl allgegenwärtig; aus ihr hat sich durch Heinrichs Burgenbauverordnung die sächsische Herrenburg entwickelt, die später zur üblichen Wohn- und Residenzburg wurde.

Es ist Praxis der Geschichtswissenschaft, das Alter eines Ortes oder einer Stätte nach der erstmaligen urkundlichen Erwähnung festzulegen. Alle urkundlich genannten Orte und Stätten haben allerdings auch eine Vorgeschichte, oftmals sogar sicherlich eine sehr lange, auf die allerdings fast nie eingegangen wird. Das mag für die Wissenschaft sinnvoll sein, denn dieser Geschichtsabschnitt ist vage und ohne Belege, Beweise und Dokumente oftmals reine Hypothese – also unwissenschaftlich.

Erstmals wurde Quedlinburg als villa quae dicitur Quitilingaburg in einer Urkunde König Heinrichs I. vom 22. April 922 erwähnt. Aber die Quedlinburger Region und auch das heutige Stadtgebiet waren schon Jahrtausende zuvor besiedelt. Viele Erkenntnisse dazu wurden besonders in den letzten 200 Jahren gewonnen und der Wissenszuwachs hält bis heute an.

Innerhalb des heutigen Stadtgebiets durchziehen zwei Bodenwellen die breite Bodeaue. An den Uferrändern dieser Bodenwellen sind bis weit in vorgeschichtliche Zeit hinein menschliche Siedlungsaktivitäten nachweisbar. Diese Räume waren wohl für die damaligen Menschen deshalb so interessant, weil sie außerhalb des Bereiches von normalem Hochwasser lagen. Wassernahe Gebiete mit beherrschender Lage, die für Siedlungszwecke taugen, gibt es aber zu Hauf. Was also war das Besondere an diesem Flecken Erde? Besonders bevorzugte Wohnplätze mussten guten Boden für den Ackerbau aufweisen, auch Jagd und Fischwaid spielten eine bedeutende Rolle. Wichtige Wege erhöhten die

Quedlinburg: Idealbild der Steinbrücke um 1200
Aquarell nach Angaben von Direktor Dr. Lorenz, gezeichnet von A. D. Caspari

Attraktivität weiterhin – die Bodefurt war nicht weit. Und letztendlich war Waldnähe, also Holzreichtum wichtig; wenn dann zusätzlich noch Erze im Umfeld aufzufinden waren, so war der Platz für Wohnzwecke prädestiniert.

Es kommt noch hinzu, dass der vorgeschobene plateauartige Quedlinburger Schlossberg eine fast einzigartige „optische" Lage aufweist. Der eine oder andere Betrachter mag sich an die herausragende Lage der Akropolis von Athen oder diejenige der vergleichbaren Lage des Tempel- und Burgenplateaus von Lindos auf Rhodos erinnert fühlen.

Bei der Suche nach dem alten Königshof Bodfeld in der zweiten Hälfte des 19. Jahrhunderts wurde im Elbingeröder Forst auch die alte Hüttensiedlung Lüttgen-Bodfeld gefunden. Zahlreiche montanarchäologische Funde an diesem Standort belegen eindeutig, dass die Elbingeröder Hochfläche bereits im frühen Hochmittelalter eine Hochburg der Eisenerzgewinnung und Eisenerzverhüttung war. Diese Erkenntnis ins rechte Licht gesetzt, besonders auch zu den Ungarnkriegen, unterstreicht meine These wohl nachhaltig.

Bei allen diesen Betrachtungen dürfen wir eine Tatsache nicht aus den Augen verlieren: Der Kampf gegen die vordringenden slawischen Ostvölker war zur Existenzfrage für das junge Deutsche Königreich geworden. Es war nicht irgendein Krieg – die gab es ständig – es war ein Konfessionskrieg. Christen gegen Heiden, Deutsche gegen Slawen, wie etwa 150 Jahre zuvor Franken gegen Sachsen. Damals hatten die Franken die Sachsen geschlagen und unterworfen – mit schwerwiegenden Folgen – die Sachsen mussten ihren „heidnischen" Naturglauben aufgeben und sich dem christlichen Glauben unterwerfen. Aber Glaube ist kein Dogma, er kann nicht staatlich verordnet werden. Glaube oder religiöse Überzeugung ist eine Frage von Vertrauen und Zuwendung, aber auch von Treue und Erziehung. Der Glaube kann nicht gewechselt werden wie ein paar Schuhe, er muss von innen heraus kommen – aus dem Herzen. So hielten auch viele Sachsen noch lange am alten Glauben und alten Bräuchen fest – wenn auch oftmals im Geheimen. Im 10. Jahrhundert war wiederum ein Glaubenskrieg zu führen. Wäre dieser gegen die „slawischen Heiden" verloren worden, dann hätte wieder das Heidentum, der Naturglaube in Sachsen, Thüringen und wohl in großen Teilen des jungen Heiligen Römischen Reiches Deutscher Nation Einzug gehalten. Der christliche Glaube war nicht nur Religion, er war vor allem ein von den Franken aufoktroyiertes Machtinstrument. Mit äußerster Eile errichteten die Franken in Sachsen Kirchen, Klöster und Bistümer – immer an Standorten, die für das Volk von Bedeutung waren, weil sie häufig schon zuvor Ausübungsorte des heidnischen Glaubens waren.

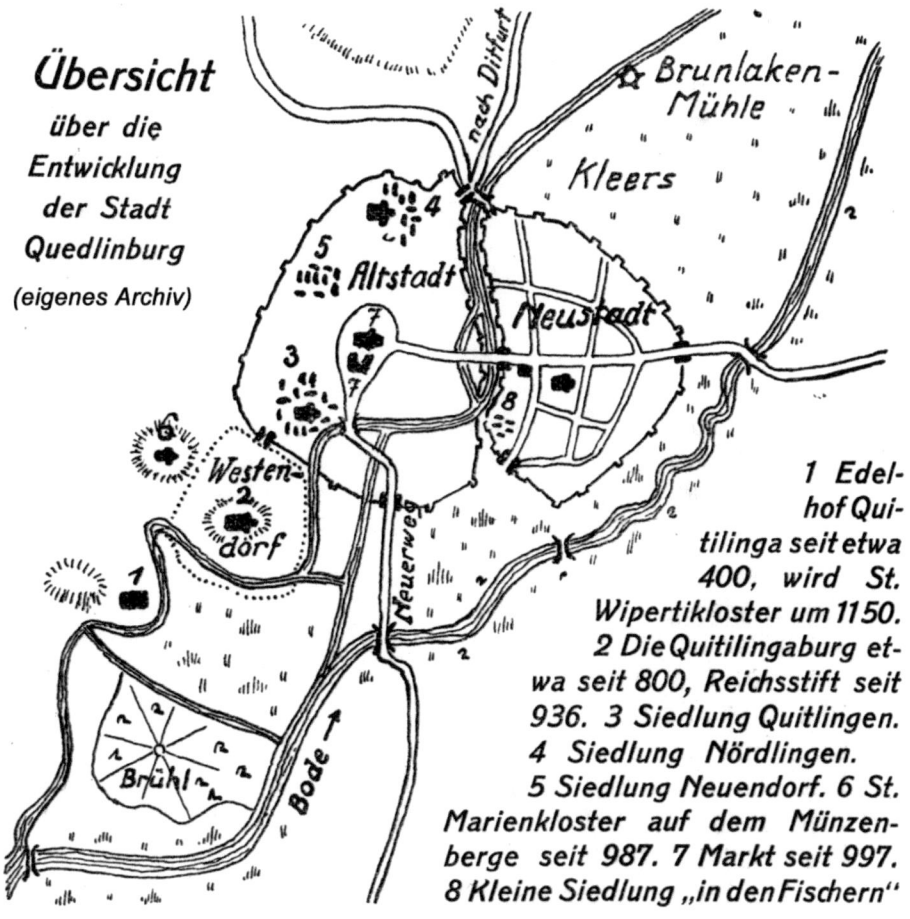

Übersicht über die Entwicklung der Stadt Quedlinburg (eigenes Archiv)

1 Edelhof Quitilinga seit etwa 400, wird St. Wipertikloster um 1150. 2 Die Quitilingaburg etwa seit 800, Reichsstift seit 936. 3 Siedlung Quitlingen. 4 Siedlung Nördlingen. 5 Siedlung Neuendorf. 6 St. Marienkloster auf dem Münzenberge seit 987. 7 Markt seit 997. 8 Kleine Siedlung „in den Fischern"

Bis heute spekulieren Geschichtsforscher darüber, ob die Liudolfinger und auch Geros Geschlecht nicht fränkischen Ursprungs sind. Ich lehne solche Spekulationen ab! Wenn diese Adelsgeschlechter fränkischen Ursprungs gewesen sein sollten, so wären sie über Jahrhunderte im christlichen Glauben erzogen und somit verwurzelt gewesen. Niemals hätten diese dann germanische Symbole in den von ihnen errichteten Gotteshäusern verwenden lassen. Und dass diese Symbole ohne ihr Wissen als Kirchenschmuck verwendet worden sind, kann wohl ausgeschlossen werden.

Der Glaubenskrieg mit den Slawen war also für die Liudolfinger wie auch für Geros Geschlecht von existenzieller Bedeutung. Und Markgraf Gero war zu jener Zeit sicherlich der richtige Mann im richtigen Amt. Mit Härte, aber auch mit viel Raffinesse hielt er nicht nur die slawischen Völker östlich der Elbe im Zaum, er unterwarf diese Völker sogar bis an die Grenzen der Oder und zum Teil sogar darüber hinaus. König Otto I. war daher Gero zu großem Dank verpflichtet. Er wandelte darum königliches Lehen, das vielleicht sogar schon längere Zeit im Besitz von Geros Familie war, in erbliches Eigentum um.

Für das sächsische bzw. Nordharzer Eigentum am Grundbesitz der Liudolfinger wäre auch folgende Entstehung denkbar: Bereits für das Jahr 906 sind Ungarn-Einfälle in Sachsen überliefert. In jener Zeit regierte Ludwig IV. „das Kind". Dieser König hätte demnach als Dank für den erheblichen Widerstand der Sachsen gegen die Ungarn dem Liudolfinger Herzog Otto dem Erlauchten bereits Lehen als Eigentum übertragen haben können – Allodialbesitz.

Sollte meine These stimmen, so wäre geklärt, auf welche Weise zunächst die Liudolfinger – später auch Gero – zu ihrem Allodialbesitz am Nordharz gekommen sind und warum gerade dort die Wiege Deutschlands entstand.

*Übersichtskarte des einstigen
Bistums Halberstadt -
vor der Aufteilung im Jahre 968
gezeichnet von C. G. Harke*

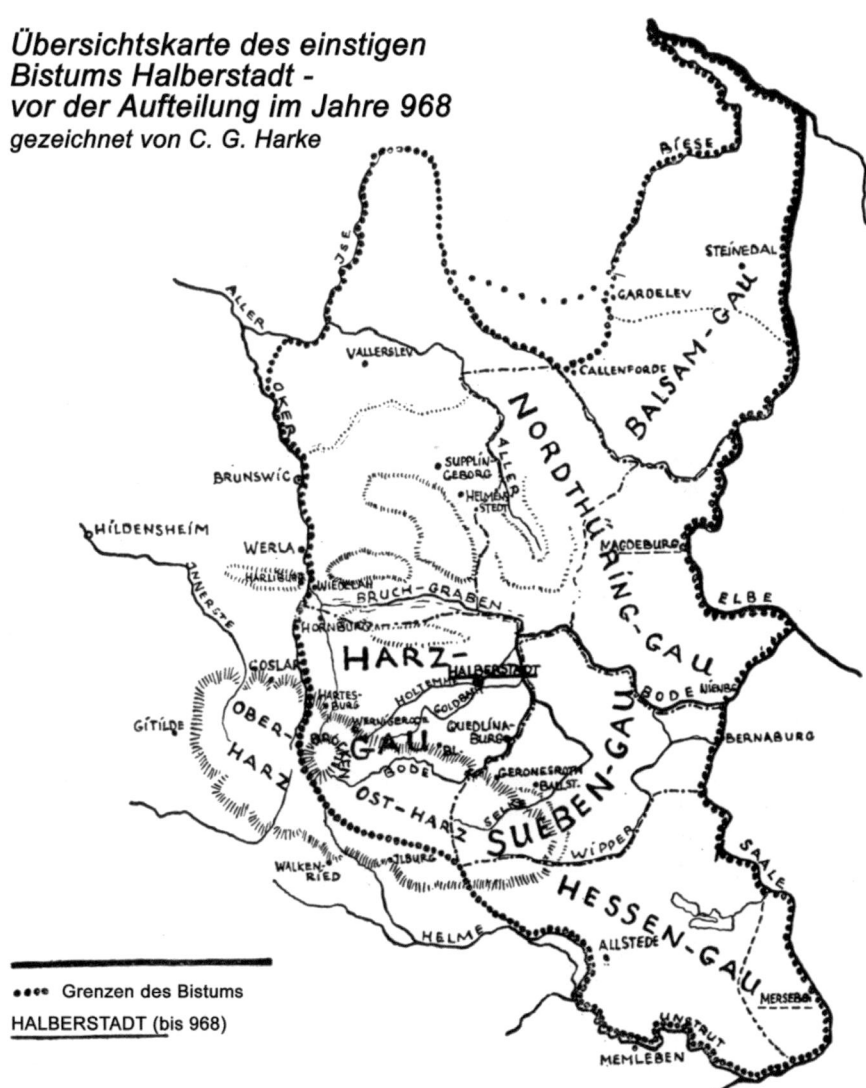

•••• Grenzen des Bistums
HALBERSTADT (bis 968)

Man erkennt, wie der "Harzgau" und der "Suebengau" den Kernraum am Harz bilden, von dem aus die deutsche Ostpolitik ihren Ausgang nahm. Die älteste Bistumsbegrenzung zeigt die natürliche Raumausweitungsrichtung nach Osten hin.

Literaturverzeichnis

Domherr Eberhard von Gandersheim, Chronik des Hauses Braunschweig – Lüneburg „Die Ludolfinger und Brunonen", 1216

Dresely, Veit / Meller Harald, Lebenswege – Archäologie an der B6n, Landesamt für Denkmalpflege SA, 2005

Goebke, Hermann, Die Hoohseoburg, ihre Lage und Bedeutung für den geschichtlichen Ablauf des Sachsenkrieges, Dissertation, Universität Marburg, etwa 1941 - 44

Größler, Hermann, Die Einführung des Christentums in die nordthüringischen Gaue, Halle 1883

Hahne, Otto, Die mittelalterlichen Burgen und Erdwälle am Okerlauf

Hartung, Hans, Zur Vergangenheit von Gernrode, Verlag Karl Mittag, Gernrode, um 1910

Hermann, Joachim, Archäologie in der DDR, Band 1 + 2, Urania Verlag Leipzig, 1989

Hessler, Wolfgang, Mitteldeutsche Gaue des frühen und hohen Mittelalters, Akademie Verlag Berlin, 1957

Höfer, Paul, Die Frankenherrschaft in den Harzlandschaften, 1907

Keseberg, Alfred, Sachsenherzog Hermann Billung, Schweiger & Pick Verlag, Celle 1973

Körntgen, Lutger, Ottonen und Salier, Wissenschaftliche Buchgesellschaft Darmstadt, 2010

Körntgen, Lutger, Annales Quedlinburgenses, Hahnsche Buchhandlung, Hannover, 2004

Lorenz, Hermann / Kleemann, Selmar, Quedlinburger Geschichte Band 1 + 2, Selbstverlag der Stadt Quedlinburg, 1922

Mühe, A., Bad Gandersheims Geschichte, Eigenverlag Stadt Bad Gandersheim, 1950

Niemann, Ludwig Ferdinand, Geschichte der Grafen von Mansfeld, Verlag von C. Lorleberg, Aschersleben, 1834

Schrienert, Friedrich, Ditfurter Chronik, Selbstverlag, 1904

Schotte, Hermann, Rammelsburger Chronik, Verlag Otto Hendel, Halle/Saale, 1906

Schumann, Gottlob, Die Missionsgeschichte des Harzgebietes, Verlag der Buchhandlung des Waisenhauses, Halle, 1869

Sternal, Bernd, Die Harz-Geschichte Band 1 bis 3, Verlag Sternal Media, 2011-2013

Sternal, Bernd, Burgen und Schlösser der Harzregion, Band 1 bisü+ 4, Verlag Sternal Media, 2010 - 2013

Stieler, Franz, Bernburg I. Teil, Selbstverlag Stadt Bernburg, 1961

Tode, Alfred, Fränkische Burgen und Königshöfe im Kreise Gandersheim, Der Landkreis Gandersheim

Thietmar von Merseburg, Chronik, 1012-1018

Vogt, Herbert, Das Herzogtum Lothars von Süpplingenburg, August Lax Verlag, Hildesheim, 1959

v. Leutsch, Markgraf Gero, Leipzig 1828

Wenskus, Reinhard, Sächsischer Stammesadel und fränkischer Reichsadel

Wesche, Heinrich, Unsere Niedersächsischen Ortsnamen, Niedersächsische Landeszentrale für Heimatdienst, 1957

Widukind von Corvey „Res gestae Saxonicae", etwa Mitte des 10. Jahrhunderts

Unser Harz / Der Harz, Monatszeitschrift , alle Jahrgänge ab 1920

Zeitschrift des Harzvereins für Geschichte und Altertum, alle Jahrgänge ab 1867

Weitere Bücher aus dem Verlag Sternal Media

Die Harz-Geschichte von Bernd Sternal

Der Harz als nördlichstes deutsches Mittelgebirge war zu allen Zeiten eine Kulturscheide. Daraus entwickelt hat sich eine einzigartige Kulturlandschaft, eine Symbiose aus verschiedensten Landschaftsformen und Vegetationsstufen, einhergehend mit den unterschiedlichsten menschlichen Siedlungsstrukturen. Dieses Mittelgebirge, mit seinen Vorlanden, in all den Facetten seiner Entwicklung vorzustellen, ist Anliegen dieses Buches.

Band 1 : Von seiner geologischen Entstehung bis zur Zeit der Völkerwanderungen
 Gebundene Ausgabe: ISBN: 978-3-8423-4263-7
Taschenbuch: ISBN: 978-3-8482-0263-8
Band 2 Das Früh- und Hochmittelalter:
Gebundene Ausgabe: ISBN: 978-3-8482-1339-9
Taschenbuch: ISBN: 978-3- 8482-0746-6
Band 3 Das Spätmittelalter:
Gebundene Ausgabe: ISBN: 978-3-7322-6348-6;
Taschenbuch: ISBN: 978-3-7322-6215-1

Burgen und Schlösser der Harzregion Band 1 - 4

Das Autorenteam **um Bernd Sternal** versucht Ihnen mit diesen Büchern die von Mystik umwehten Relikte einer längst vergangen Zeit näher zu bringen. In einzigartiger Weise haben wir geschichtliche Fakten mit detaillierten Grundriss- und Rekonstruktionszeichnungen sowie historischen Stichen verknüpft.

Band 1: Gebundene Ausgabe: ISBN: 978-3-8391-8878-1
Taschenbuch: ISBN: 978-3-8423-3947-7
Band 2: Gebundene Ausgabe: ISBN: 978-3-8423-5024-3
Taschenbuch: ISBN: 978-3-8423-7730-1
Band 3: Gebundene Ausgabe: ISBN: 978-3-8482-0809-8
Taschenbuch: ISBN: 978-3-8482-1841-7
Band 4: Gebundene Ausgabe: ISBN: 978-3-7322-9149-6
Taschenbuch: ISBN: 978-3-7322-9181-6

Sagen, Mythen und Legenden aus dem Harz - Band 1 - 4

Mythen, Sagen und Legenden prägen den Harz wie kaum etwas anderes, wir begegnen ihnen auf Schritt und Tritt. Wir haben sie gesammelt, ihnen ein modernes Kleid geschneidert und sie farbig illustriert um sie zu erhalten und weiter zu überliefern. Denn leider sind Erzählstunden nicht mehr all zu modern.

Band 1: Gebundene Ausgabe: ISBN 978-3-8391-2850-3
Taschenbuch: ISBN: 978-3-8391-2712-4
Band 2: Gebundene Ausgabe: ISBN: 978-3-8370-5893-2
Taschenbuch: ISBN: 978-3-8391-5059-7
Band 3: Gebundene Ausgabe: ISBN: 978-3- 8423-3486-1
Taschenbuch: ISBN: 978-3- 8423-3958-3
Band 4: Gebundene Ausgabe: 978-3-8482-2754-9
Taschenbuch: ISBN: 978-3 -8482-3082-2

Asturien
Sierra del Sueve

Auf den Spuren des vergessenen Königreichs der Sueven
von Ralf Pochadt

Dies ist die Geschichte einer Spurensuche in der Sierra del Sueve, einem einzigartigen Küstengebirge am Jakobsweg im nordspanischen Asturien. Ausgehend von der Frage nach der Namensherkunft der Sierra del Sueve begibt sich der Autor auf eine abenteuerliche Reise in ein Grenzland, nicht nur im historischen Sinne, sondern auch als Grenze zu einem Land, in dem Erinnerungen erwachen, die heute auf eine neue Weise bedeutsam sein könnten. Er folgt dem „Ruf des Sueve" auf den Spuren des vergessenen Königreichs der Sueven.

Wer selber Entdeckungstouren rund um die Sueve machen möchte, kann sich selbst auf den Weg machen: Von Arriondas nach Ribadesella, Villaviciosa, Infiesto und nach Cangas de Onís, dem Tor zu den Picos de Europa.

Taschenbuch: ISBN: 978-3-7322-9955-3